大是文化

仕事と勉強にすぐに役立つ「ノート術」大全

筆記術大全

子彈筆記、康乃爾筆記、
方格筆記、曼陀羅九宮格……
什麼情況用哪種筆記術，
學習與工作事半功倍。

Synergy Brain公司的代表董事、
選對筆記術考取證券分析師等三大證照
安田修——著
林巍翰——譯

目錄

第二章 一個點子，衍生八個視野：企劃筆記

第三章 人生隨時向前行！記事本筆記 115

第四章 讓大腦有餘力做其他事：整理筆記 139

第五章 別照抄，挑重要的寫：學習筆記 175

第六章 離目標只差一步的夢想達成筆記

第七章

我讀完五十本筆記書的心得

推薦序一

用筆記之力，翻轉你的人生！

中華創意職能教育協會中文教育顧問／王文仁

你擅長做筆記嗎？學會做筆記，是否對你的求學與職涯歷程，產生過重大的影響？

和本書作者一樣，對我來說，國、高中時期的筆記就是應付學習、考試的工具而已。當時，根本沒人傳授心法，只能靠著自己的摸索土法煉鋼。上了大學後，我才從學長姐那邊學會製作卡片、心智圖，和運用便利貼來速記等方法。

從此，我深切的感受到，做好筆記確實能讓學習更有架構、更省時。後來我陸續接觸更多筆記法，同時也想：如果有人能匯集筆記術的精華，讓我們在短時間裡學會適合的筆記法，該有多好？

這也是為何我讀到《筆記術大全》時，立刻有了相見恨晚的感覺。作者安田修在學生時代很討厭做筆記，出社會後因應工作的需要，開始大量研究各種筆記術。後來，靠著選對筆記法，順利取得好幾種證照，他也運用這些方式，幫助自己成功管理行動、構思企劃、達成目標。

《筆記術大全》濃縮了他學習、實踐過的五十種筆記術精華。書中，安田修不斷強調一個概念：學做筆記，是投資報酬率很高的行為；學得好，甚至可以改變自己的人生！

本書共有七章，除了前言與總結外，分別著眼在提升工作效率（第一章至四章）、提高學習效率（第三章至五章），以及達成夢想與目標（第一章、第六章）等三個主題上。在閱讀時，大家完全可以按照自己的需求，從不同的章節開始讀。

我非常喜歡安田修在書中，總是一針見血的點出各種筆記法的優缺點，然後佐以日常生活中的實例。

比方說，現代人經常混用手帳與數位工具來管理行程，作者卻建議我們：「管理日程的原則是只使用一種工具。」因為使用兩種以上的工具，可能會讓不同的行程，出現在同一時間。

此外，雖然便利貼在生活中的運用很靈活也很方便，但他也提醒大家：「貼在電腦上的便利貼，最多不超過三張。」因為數量一多，就很難替工作安排優先順序。而且，一直沒撕掉的便利貼，久了之後也會看膩，並忽略它的存在。

還有，一直很受歡迎的子彈筆記，作者直指其優點是，如果只想用一本筆記本搞定所有事情，子彈筆記術肯定是不錯的選擇。相對的，因為需要「移轉」（Migration），所以不適合用來管理工作，須搭配便利貼與智慧型手機來輔助。

諸如此類，作者給出的建議貼心又實用。循著本書的安排，我相信大家一定能找到最適合自己的筆記法，也能用它們來實現目標與理想，翻轉自己的人生！

推薦序二

數位化時代更要做筆記

閱讀人社群主編／鄭俊德

現在是數位化時代，有事情就用 LINE 傳訊息或記錄就好，真的有必要做筆記嗎？

我想請你做兩個回想練習：首先是近期的回憶，昨天看了哪篇文章讓你印象深刻？如果不查手機行事曆，你記得下週有什麼重要的事嗎？如果你無法回答這兩個問題，我建議你可以拿起《筆記術大全》好好閱讀。

既然是筆記術大全，我就照著書中的方法，來分享我的閱讀筆記。

讀一本書要先了解作者背景，本書作者安田修是 Synergy Brain 公司的代表董事，目前是協助企業將商業模式標準化的專家。他從小就不喜歡抄書，所以學生時期沒有做筆記的習慣，直到出社會後，面對龐大的工作量及接踵而來的各種任務，他才發現無法單靠大腦來記憶所有事情。

他開始研究各類筆記方法，幫助他順利取得軟體開發技術、證券分析和中小企業診斷等各種合格率低的證照考試。作者表示：「記筆記，是報酬率很高的投資行為。」

本書集結了五十種筆記術精華，並分為行動筆記、企劃筆記、記事本筆記、整理筆記、學習筆記，以及夢想達成筆記。以下整理對我而言受用的筆記重點。

我根據作者的分類，將這些技巧分為工作需要與人生需要。

工作需要的筆記術，有行動筆記、企劃筆記及整理筆記。

在行動筆記篇，作者建議每天花十五分鐘做計畫；將大事拆成小事，並設截止日期；以三十分鐘為一個單位拆解工作，降低拖延問題，持續累積成就。

在企劃筆記與整理筆記中，我收穫有幫助的提醒是，與其在腦袋想，不如先透過大量書寫來清空腦袋壓力，再以便利貼或小卡片進行後續整理與彙整，這也是腦力激盪常見的有效做法。

而人生需要的筆記術，有記事本筆記、學習筆記及夢想達成筆記。

我相信你一定有這樣的經驗：滑臉書或是 LINE，總會遇到幾篇很棒的文章或影片，卻不知該如何留存這個資料，就算有記錄，之後也很難翻到自己記在哪裡，反而讓這些資料白白占據記憶體。這時可以活用書中提到的記事本筆記，例如作者會隨身攜帶小本記事本以即時記錄，臨時要記下想法或事情時，會使用手機應用程式 Notion 來做筆記，多管齊下讓好的點子與想法能被留存。

有了筆記本筆記，接著需要套用學習筆記來內化知識，作者提到別照抄，挑重要的寫，也不用寫得美美的。而康乃爾筆記法是目前公認最好用的學習筆記。

最後，夢想達成筆記能幫助大家制定願景與目標，在書寫過程以具體敘述加上可量化的數字，然後唸出來，給自己的大腦更多提醒與暗示。

願你能透過本書的筆記術精華，來完成目標，創造事半功倍的效益。

前言

對工作和生活都有幫助的筆記大全

你有這類煩惱嗎？

- 有想做的事，卻遲遲沒行動。
- 不擅長處理企劃相關的業務和想出新的點子。
- 老是忘記想做的事和必須做的事。
- 有時會很煩躁、沉不住氣。
- 雖然知道要認真準備升學或證照考試，卻沒有進展。

- 想改變人生，但無法定出目標……。

其實**只要會做筆記，上述問題都能迎刃而解**。

也許有人會疑惑：「現在已是AI（Artificial Intelligence，即人工智慧）和元宇宙（Metaverse）的數位化時代了，紙本筆記還有用嗎？」

我認為，正因身處這樣的時代，**紙本筆記本更能為我們解決各式各樣的疑難雜症**。帶著這種想法，我只要在書店裡看到跟筆記術有關的書籍，就一定會買下來，並親自實踐書中介紹的技巧。

在實踐的過程中，我從未產生「自己成了冤大頭」的想法。不僅每一次都能從中得到新的體悟，而且花在書本上的金錢和時間，最後都回饋到自己身上。現在想想，這真是**報酬率很高的投資行為**。

其實並非每一本關於筆記術的書，都會向讀者介紹該如何做筆記。事實上，內容越是精良的書籍，其核心重點，通常都能歸結為一個觀點。

我過去經常會想：「若有整理各家筆記精華的書，該有多好？」假設有這樣一本書在手，相信更能節省大家的時間。沒想到，最後竟由我完成這件事。

我相信透過拙著，能**讓讀者一口氣吸收五十本書的精華**。

若讀者閱讀本書時，對書中提到的某本著作感興趣，之後不妨再花點時間仔細閱讀。從這個角度來看，也許本書扮演的角色，就像讀者在旅途中的嚮導。

接下來，我想談談自己的筆記體驗。

我出生於北海道的鄉下，直到學生時代結束為止，筆記對我來說，不過就是學習時會用到的東西而已。可以說，當時的我不具備任何筆記技巧。我小時候經常想：「明明從國小到高中，學生每天都在寫筆記，可是為什麼沒有人教大家怎麼利用筆記，真奇怪。」我在沒人教導如何使用的情況下，待在沒有補習班的鄉下，靠苦讀面對升學考試。

在經過一連串的摸索和試錯後，我如願考進北海道大學經濟系。

然而，就算升上大學，我依然不知道該如何做好筆記。

脫離父母監視而獲得自由的我，雖然經常翹課，但每到了考試週之前，我會臨時抱佛腳，向成績優秀的同學借筆記以應付考試。靠著這種方法，最終湊齊學分，有驚無險的大學畢業，正式成為社會新鮮人。

踏進社會後，我面臨的是嚴苛的現實社會。

那時我很重視「透過工作讓自己成長」這個想法，所以我選擇對許多人來說，工作難度較高的金融業闖蕩——我到了日本第二大人身保險公司「日本生命保險」上班。

我在這裡待過系統開發和資產運用，兩個和保險沒有直接關係的部門。我因此有機會處理不少有意思的工作，而這些經歷為現在的我打下基礎。

話雖如此，其實我在進入公司後，立刻察覺自己的實力完全無法應付高難度的工作，也沒辦法在幾乎沒有剩餘時間可用的情況下，準備各種資格考試。現在回想起來，不懂如何做筆記，只靠蠻幹就想解決所有事情，根本是痴人說夢。

當時的我，不了解自己的做事方式哪裡有問題，所以經常因為能力不足而自責，也不知道如何和主管談這件事，但我很清楚，如果僅靠個人的努力，繼續用舊有方法做事，絕對沒辦法處理難度和分量都與日俱增的工作。

我意識到自己碰到撞牆期，成長陷入停滯。為了突破困難，我開始閱讀商業書，其中又以有關筆記術的書為主。我看完書後，會嘗試所有書中提到的方法，找出哪些技巧對自己有益，並利用筆記來管理自己的行動、構思企劃、寫備忘錄、整理想法、記錄學習進度以及想要達成的目標。

從那之後，我不僅在工作上交出漂亮的成績，還取得「軟體開發技術者」、「證券分析師」和「中小企業診斷士」等日本資格證照。公司甚至讓我負責我想做的專案。

後來**我決定離開公司創業，其實也是筆記帶給我的力量**。若沒有筆記，我的事業絕對沒辦法支撐下去。現在的我以籌備活動和線上沙龍（按：線上的粉絲俱樂部和社群。使用者每個月支付固定費用，就可閱讀會員專屬電子報，並參與線下的互動等），以及經營網路平臺Frasco（フラスコ）為本業，另外還以顧問身分，提供支援服務，幫助他人創業和建立標準化商業模式。

跟之前在日本生命保險上班相比，現在的我不但有了更多能自由運用的時間，還對許多事物充滿好奇。我可以做自己想做的事，只和想要認識的人來往，生活快樂且富足。可以說，**筆記改變了我的人生**。

我將五十本筆記術書提到的方法，整理成本書，讓讀者可以一次吸收所有筆記術的精華，希望藉由這種方式，能幫大家找到適合自己的筆記技巧。

這裡想強調一下，我沒有堅持只能手寫筆記。生活在科技發達的現代，除了利用手帳、記事本和便利貼，適時活用數位工具同樣重要。

可以說，手寫筆記只是眾多方法中的其中一種而已。所以，我在書中還會向讀者介紹其他類型的工具，以及在某些情況下，可使用哪種數位工具。

我期盼本書能成為大家在追求美好人生時的助力。

若讀者對書裡介紹的某個筆記術有興趣，請務必實踐看看。

本書的閱讀方式

雖然我期待每位讀者能愉快的看完全部內容。不過，**本書沒有必要從頭讀到尾。大家可配合個人目的，只挑自己需要的部分來讀**（見下頁圖）。

- 提升工作效率：第一章、第二章、第三章、第四章。
- 提高學習效率：第三章、第四章、第五章。
- 達成夢想和目標：第一章、第六章。

至於前言和第七章，我希望每位讀者都能仔細閱讀。

此外，每一節的開頭，我都有寫一小段總結，對於想知道該章節內容的讀者，不妨先看看總結，若發現有意思的地方，再繼續看下去。因為**閱讀本身，原**

	提升 工作效率	提高 學習效率	達成 夢想和目標
第 1 章	●		●
第 2 章	●		
第 3 章	●	●	
第 4 章	●	●	
第 5 章		●	
第 6 章			●
第 7 章	●	●	●

▲ 本書沒必要從頭讀到尾，讀者可依需求，翻到想看的部分就好。

本就沒有規定要一字一句、從頭到尾仔細的讀，請大家放輕鬆，用喜歡的方式，抱著愉悅的心情來看本書吧。

書中介紹的筆記方法，我大部分都實際嘗試過且覺得有效。雖然有的部分是因近期才出版，所以我還沒有足夠時間來驗證功效，不過其內容都有科學論據，相當有說服力，值得向大家推薦，故在本書中引用。

第一章

想做和該做都不忘：行動筆記

1　數位或紙本，只能二選一

日程安排最適合用智慧型手機來管理。
常打電話或與人碰面的人，可使用紙本筆記本。
但兩者不要混著使用。

有些人習慣把行程和待辦清單在筆記本上，以便管理。例如，日本高效率達人美崎榮一郎在《**成功者的筆記本都記些什麼？**》（大田出版）中，寫到「日程應該用紙本來管理」，並介紹具體的做法。他在使用各式手帳和數位工具後，最終才得結論：**使用較薄的筆記本來管理日程，是最好的做法**。

不論走到哪，美崎都會帶著A6筆記本。儘管他會把需要和團隊共享的日程放在網路上，但他每天早晚仍把日程印出來，徹底執行自己的做事方法。

美崎認為用紙本來管理日程有這些優點：

- 能快速找到紀錄。
- 使用電子郵件或跟別人通電話時，可以直接拿出筆記來調整日程。
- 可以直接展示給他人看，便於討論和調整計畫。

上述觀點確實有其道理。尤其**對經常和其他人通話來調整日程的人而言，用**

手機來管理行程反而不太方便。

以前的我和美崎一樣，曾嘗試不同的手帳和數位工具。

我有一陣子特別熱衷使用多功能活頁記事本。由於多功能活頁記事本的內頁，包含年曆、年計畫、月計畫、週計畫和日程等，可以根據安排，選擇要用哪種內頁來做記錄，讓我覺得只要能活用它們，就能解決所有困擾的事，非常有魅力。除此之外，當我拿出多功能活頁記事本時，不僅覺得開心，還有一種自己好像很厲害的感覺。

我那時認為，把日程和待辦清單、自己所想到的事情以及學習到的知識等，全部統合在一本厚厚的記事本中，是正確的做法。

然而，在使用多功能活頁記事本的過程中，我逐漸發現自己遇到一些問題：

- 多功能活頁記事本過厚，不方便攜帶。
- 必須把日程安排的內容，謄寫到月計畫、週計畫等不同的頁面。

- 整理起來很麻煩。

正因為親身體驗這些問題，所以我很認同美崎「**日程管理，使用輕薄的筆記本比較好**」的觀點。其實，我在安排年度計畫這類需要綜觀全局的事情時，也會使用筆記本。能讓人一目瞭然的看見整體，是紙本筆記本最顯而易見的優勢。

《成功者的筆記本都記些什麼？》於二〇〇九年出版，其時代背景和現今相比，已發生不少變化，**我認為靠智慧型手機來管理日程，是現代的最佳方式**。

我之所以會產生這種想法，或許是因為我在調整日程時，幾乎不會其他人通電話或實際碰面，基本上全靠即時通訊軟體聯繫。另外，需要和多人協調出彼此方便的時間，這類複雜的作業也和我無緣。因此單從我個人的情況來看，用智慧型手機來管理日程是最佳的選擇。

我認為，有意識的讓自己處於「不處理複雜的時間計畫」狀態，或許是管理日程的本質。話雖如此，對於「需要經常調整安排，有接不完的電話」的人來說，使用小本的手帳或筆記本來安排行程，會是不錯的方法。

提醒各位讀者，**管理日程的原則是只使用一種工具**，不要同時使用紙本和數位工具。因為同時使用兩種工具，很可能會讓不同的預定事項，安排在同一個時間（見下頁圖）。指導超過三萬名企業人士的日本講師鈴木真理子，在《一流商業人士都在用的行事曆・備忘錄・筆記活用術》（商周出版）強調：「預定事項應該只用一種工具來管理」，因為「使用兩種以上的工具做管理，肯定會在輸入內容時產生失誤」。

有些人可能會碰到這種情況：你習慣用手帳管理行程，但在公司不得不用數位工具。這時的重點在於做好分類，例如，**手帳上只記私事，而數位工具則記工作上的事情**。

目前我使用名為「Refills Lite」（見三十六頁圖）的 App 來管理日程。

因為 Refills Lite 的基礎，是建立在 Google 行事曆（Google Calendar）上，所以你可以設定自動同步 Google 行事曆，還能設定要不要與其他人共享行事曆

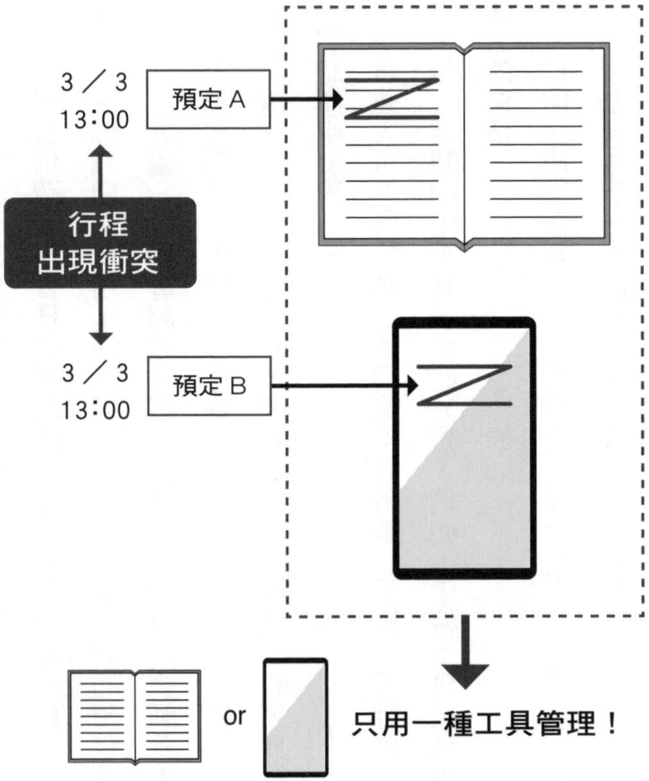

▲ 管理日程的原則，是只能用一種工具，否則可能讓行程出現衝突。

內容。此外，像 Refills Lite 這種數位工具的優點，在於可以設定「重複活動」。舉例來說，你每週都要開例行會議，若使用這項功能，那麼只需要輸入一次內容，就能自動完成之後的安排。

我把每週的星期一和星期四，設定為「創意日」和「內容日」，分別利用這兩天來思考和建立新的想法。如果使用紙本筆記本，我得每週把預定寫上去，但若用 Refills Lite，我只要選擇「永遠重複活動」功能，那麼連接下來幾年的星期一和星期四，都會顯示這些安排。

除此之外，Refills Lite 還有其他功能，像是「單次變更」和「更改日後的重複活動」，用起來相當方便。

我過去使用多功能活頁記事本時，都會把固定行程謄寫到不同頁面上，但用了 Refills Lite 之後，因為可以直接把瀏覽畫面切換成月、週和日等不同的模式，所以省事不少。

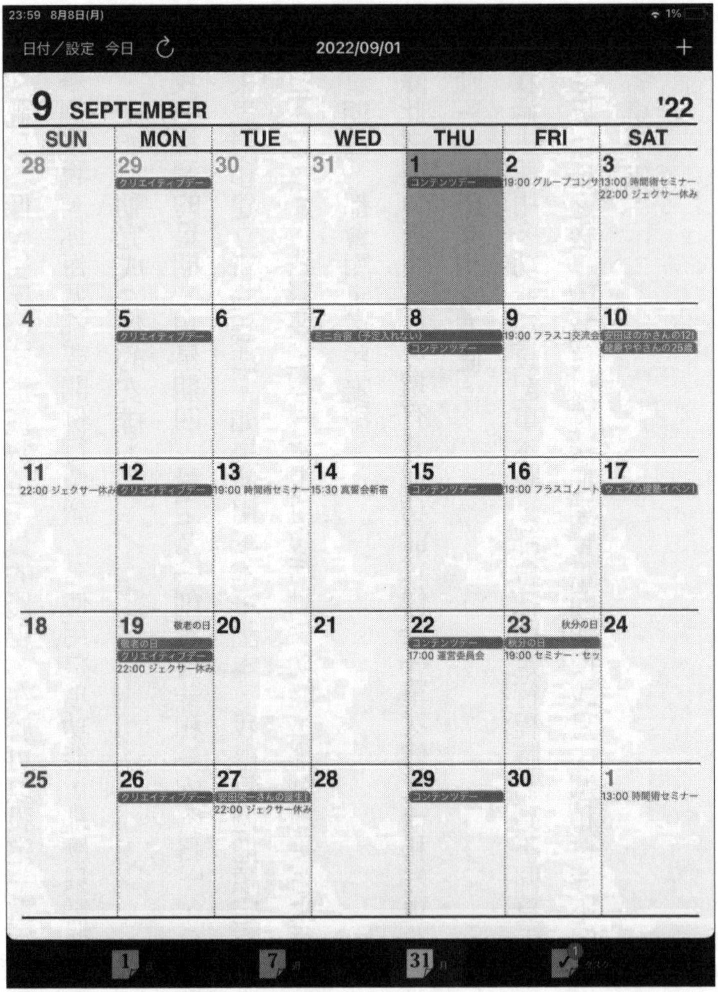

▲ iPhone 的 Refills Lite 畫面，可以同步 Google 行事曆。

2　便利貼一次別超過三張

把今天要做的事寫在便利貼上，
做完後就丟掉。

我以前除了不做筆記，也沒有使用便利貼和備忘便條的習慣。因為在大學畢業前，我的生活並沒有因沒用筆記跟便利貼，而帶來任何不便。

所以我剛成為社會新鮮人時，認為就算沒有筆記，只要記住主管交代的工作，然後從最重要的事開始處理，照樣可以把事情做好。即使工作繁雜，但主管交代的事最多不過兩、三件而已，怎麼可能會忘記。

然而，工作一段時間後，我才深刻感受到實際狀況跟我想的不一樣，**上班需要記住的事情實在太多了**。

除了主管交派的工作外，我還要整理會議紀錄、預約會議室、應付同事或客戶的請託、回覆電子郵件或電話等瑣碎事項。除此之外，我負責幾個時間跨度較長的計畫，其截止日期都不一樣。

就算勉強靠腦袋記住所有要處理的事情，我還是會擔心自己是否遺漏什麼非做不可的重要工作，導致日子過得充滿壓力。有時我回到家後，甚至會繼續思考隔天才要處理的事，搞得自己焦躁不安。所以即便到了週末，也無法好好休息，

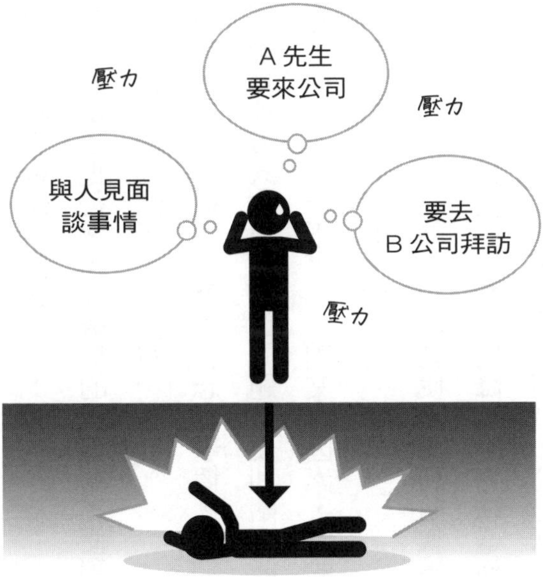

所有工作若只靠大腦記憶，
就算沒有忘記，也容易累積壓力。

最後只能消沉的想：「要在這個社會生存還真不容易……。」

漸漸的，我因為需要而開始把跟工作有關的重要事項，寫在筆記本上，不知從何時起，我也會使用便利貼。

我的做法是把每個需要處理的任務寫在便利貼上，然後貼到電腦螢幕旁。等完成後，再把便利貼撕下來丟掉。

自從這麼做之後，我就不會忘記事情。

不過這種方式會衍生一個問題：便利貼可能會越貼越多，甚至有的便條紙始終貼在上面，沒有撕下來——因某些因素，有的任務遲遲無法完成。結果，便利貼的存在變成我壓力的來源。

有鑑於此，有一陣子我改為使用便利貼軟體，讓便利貼直接顯示在電腦畫面上。但這個方法換湯不換藥，對降低壓力絲毫沒有任何效果。

《一流商業人士都在用的行事曆‧備忘錄‧筆記活用術》建議，**貼在電腦上的便利貼，最多不超過三張**。其理由是**增加便利貼數量之後，我們很難替工作排**

出優先順序。而且一直沒撕下來的便利貼，人們很容易看膩，或者說習慣它的存在，進而忽略它。

說得真是貼切，出現在眼前的大量便利貼，只會使人失去對它們的關注。此外，我遇過好幾次，便利貼貼久了黏性下降，結果掉下來不見的情況。另外，我還注意到，從旁觀者的角度來看，在電腦和桌子上貼滿便利貼的人，很容易被認為工作能力不足（見下頁圖）。

之後我改用較大張的便利貼，把要處理的工作全部寫在上面，然後每完成一項後，再畫橫線槓掉。當然，筆記本也適用這種做法。

我每週都會把自己正在處理的工作，全部寫在筆記本裡來檢視。這麼做能幫助我掌握代辦事項的整體輪廓，並區分出不同事情的輕重程度。最後我還會加上完成期限，以此整理工作進度和狀況。

在執行這件事時，重點是**找出哪些事情其實不做也沒關係，然後將它們從代辦清單上剔除**，也就是決定不做哪些事。

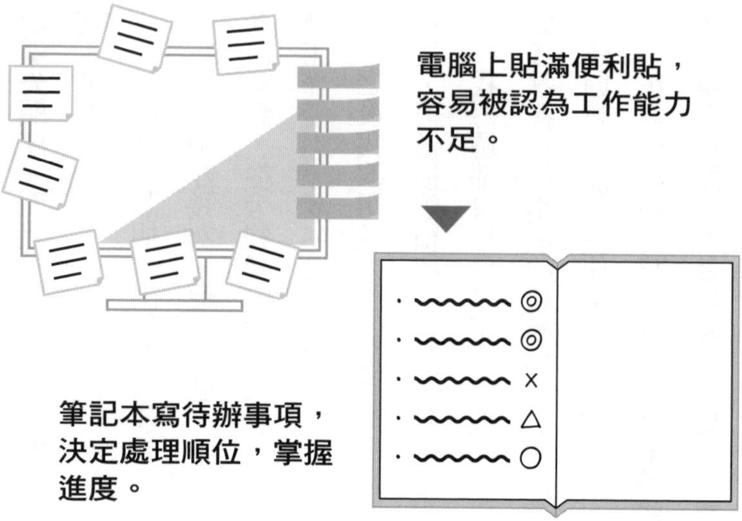
電腦上貼滿便利貼，容易被認為工作能力不足。
筆記本寫待辦事項，決定處理順位，掌握進度。

我每天早上都會**從筆記本中挑出「今天要做的事」，然後寫在大一點的便利貼上，讓自己當天專注處理這件事**（見左頁圖）。

另外，《一流商業人士都在用的行事曆・備忘錄・筆記活用術》還提到：「把要麻煩對方的事寫在便利貼，然後交給他」。

我在開始使用便利貼後，就會這麼做。我拿資料交給主管時，會把需要補充說明的內容寫在便利貼上一併轉交。因為只靠口頭傳遞訊息，對方容易忘記，讓對方自己寫備忘錄又顯

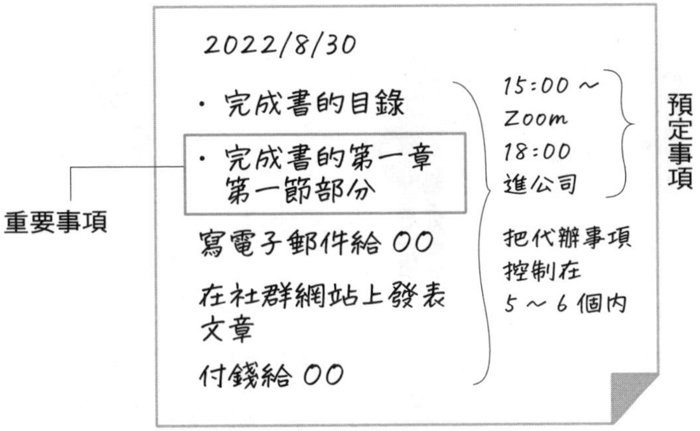

▲ 我在大張便利貼上寫當天要做的事。

得不夠親切，這時就是使用便利貼的好時機了。

當天若有臨時要處理的事，可先記在便利貼上。如果是能立刻完成的事，則不必特地使用便利貼，而是迅速解決它。有關這部分的內容，可以參考全美前五大高階經理人教練大衛・艾倫（David Allen）的《搞定！》（*Getting Things Done*，商業周刊出版）所提的「兩分鐘定律」——當你猶豫是否要立刻處理臨時插進來或突然想到的工作時，只要確認「是否能在兩分鐘內完成，如果可以，就立刻解決」。

兩分鐘內可解決！
別猶豫，立刻做！
需要趕緊聯絡的事情

工作時，我們經常要處理許多像是**回覆郵件、回撥電話和影印資料等瑣事**。碰到這類事情時，**不要寫到便利貼上，「放著等一下再做」，而是馬上完成**。

如果不管碰到什麼事都立刻處理，有可能會影響重要工作的進度，因此判斷立刻做或不做某件事，最簡單的方法，就是能否在兩分鐘內完成。

掌握該方法後，就能分類大量需要處理的事，還不會被重要的工作追著跑，使自己過更從容的生活。直到現在，兩分鐘定律依然是我會使用的有效工作管理法。

日本時間管理顧問石川和男在《零加班筆記術》（按：臺灣未代理，此為暫譯）提出名為「要務筆記法」的技巧。書中以十五分鐘為一個單位，在最多三十五個單位中，寫出包含「暫緩事務」和「例行事務」等工作，然後依完成順序用紅筆打勾。他認為，**便利貼有四個缺點，所以工作管理應使用筆記本，而非便利貼：**

- 過於引人注目。
- 有逐漸遺忘的風險。
- 無法回過頭做檢視。
- （使用筆記本）比較容易掌握各項工作的期限。

而幫助超過四百位日本人成功錄取劍橋的塚本亮，在《行動派的筆記術》（按：臺灣未代理，此為暫譯）介紹「任務管理筆記法」。做法是橫向使用A4大小的筆記本，然後把寫上工作項目的便利貼，黏在筆記本內頁。塚本認為，**便利貼的優點在於，讓人在安排工作順序時，可以隨時調整。根據工作的緊急和重要程度，可用不同顏色的便利貼來區分。**

3 大事拆成小事，設截止日期

得花超過 30 分鐘才能解決的事，
就拆解成多個小任務，然後依序解決！

「拖延症讓我很困擾。」我在創業和做商務相關的支援工作時，經常聽到這個問題。

相信每個人都有過這種經驗：儘管不斷提醒自己，一定要在期限內解決某個工作，但無論如何，就是完成不了。雖然心裡下定決心「我隔天一定要處理好！」工作卻依然做不完。

我認為發生這種情況的最主要原因，是你要處理的事「規模太大」了。**解決一項工作所需要的時間**，有些會設定十五分鐘，但我認為不妨**用三十分鐘當基準**。假設完成某項工作要花超過三十分鐘，那麼這項工作的規模就算大。

一般人在著手處理一件龐大的工作時，心裡通常有抗拒感，而且很難在一天內解決這件事。一旦無法如期完成工作時，人們容易沮喪，而這種挫敗感，又會進一步加深自己對這項工作的厭惡程度。

所以，要經常提醒自己要盡量拆解工作，分成數個可在三十分鐘內完成的小任務（見左頁圖）。

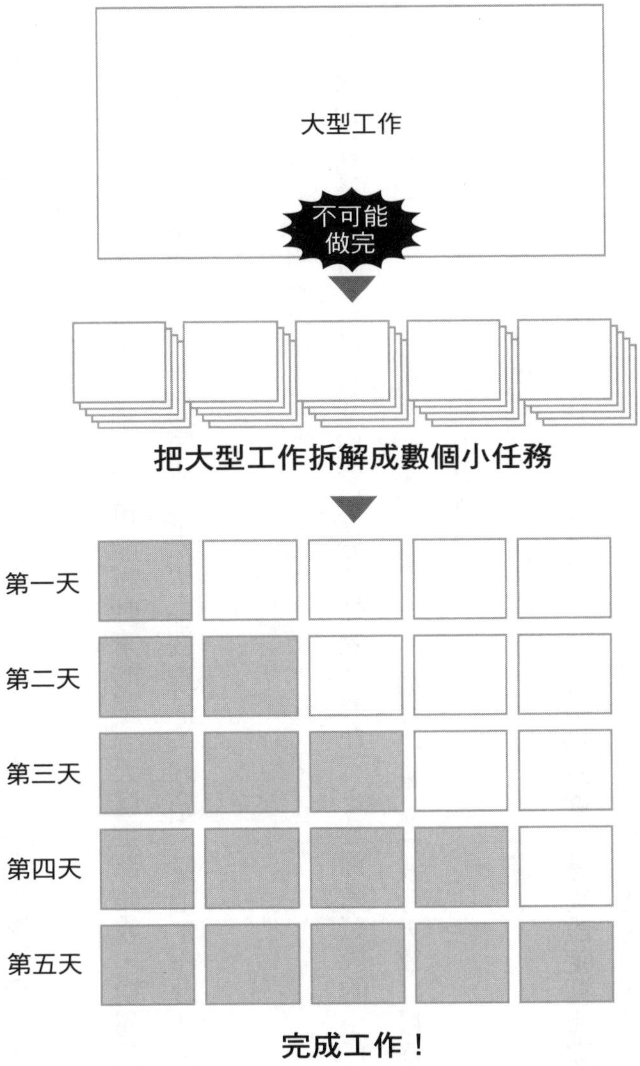
大型工作
不可能
做完
把大型工作拆解成數個小任務
第一天
第二天
第三天
第四天
第五天
完成工作！

以寫書為例，就算我下定決心「今天要寫完一本書，其他什麼事情都不做」，但到了當天晚上，我根本寫不完。

寫一本書需要花好幾天，絕對不可能在動筆的第一天就全部完成。換句話說，如果把寫書當成一天內就要完成的工作，那麼打從一開始，這項工作就注定失敗。

該怎麼做比較好呢？

碰到這種情形時，可以試著把寫書分成好幾個能在三十分鐘內完成的小任務，例如「寫目錄」、「完成第一章第一節」……如此一來，「我今天寫好目錄了！」這種心情會讓自己感受到成就感。

在不斷完成各個小任務的過程中，也就不知不覺的寫完一本書了。

另外，想完成一個大型工作，除了要拆解，還有一個訣竅，是從設定截止期限。《零加班筆記術》提到，只要為所有的工作設定好完成期限，就能提升工作速度。

日本時間管理協會公認講師酒井秀介在《三階段時間管理術》（按：臺灣未代理，此為暫譯）建議大家，**先評估完成每項工作所需時數，然後把工作名稱寫在便利貼上**。

舉例來說，如果手上有一個工作需要花三十分鐘處理，那麼我們就可以在日程表上有三十分鐘空閒的時段，貼上寫有這項工作的便利貼，然後依日程表上的順序完成該做的事。

我相當認同這種做法。**因為就算把工作寫在便利貼上，然後貼到桌上或螢幕上，我們也不一定真的去執行**，但若是把寫有工作的便利貼，黏在記錄日程的本子上，不但決定了完成工作的期限，還能提醒自己處理這件事情。

我們只要把今天的工作列出來，接著排定大約要在今天的什麼時候處理哪一項工作，就能讓我們確實的完成，而不會忘了有事情沒做。

然而，我們有時難免會遇到這類情形：原本要在傍晚做的任務A，卻因任務B臨時插進來，所以只能延後處理任務A。因為這種事比較不會出現在中午前，而且一般來說，人在上午的專注力比下午高，所以我推薦大家把重要的工作安排在中午前來處理。

山崎城二是現為日本預約數最多的顧問之一，他在《一天五分鐘的迷你筆記術》（按：臺灣未代理，此為暫譯）建議，要把三件事寫在迷你筆記本裡：

- 要處理什麼事（內容）？
- 最晚什麼時候做（期限）？
- 要做多少（程度）？

寫下工作項目後，接著在當天可處理完的項目旁邊，標註「預計處理時間」；在隔天以後才能完成的項目旁，標上「期限」。雖然山崎提出的方法看起來並不新穎，但我覺得「要做多少」（程度）挺特別的。

《一天五分鐘的迷你筆記術》提到，在執行上述方法前，應先把工作分為

ABCD四個等級。等級A最重要，包含有「業務流程改善」和「新工作」，這類工作約占總工作量的兩成以上；等級B為「緊急事項」，是我們應該盡量減少的類型，至於怎麼減少，則與自己該如何改進工作有關。等級C是「例行工作」，等級D為「應該放棄的工作」（見下圖）。

山崎在書中寫到，**針對無法在當天結束的工作，可以移到明天之後的工作清單中，待日後處理。**

雖說要把等級D的工作從清單

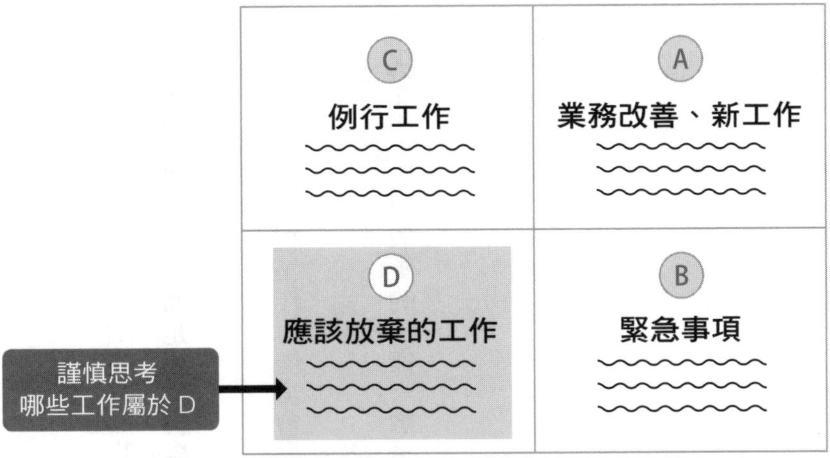

▲ 把工作分級 4 個等級，藉此找出該放棄的工作。

上消除，但不包括「因自己處理不來，而決定放棄不做」的事。山崎認為我們面對工作時，**真正重要的，並非怎麼做才能有效率的完成工作，而是如何讓自己不做白工**。我很認同他的想法。

或許有人認為，自己不可能做白工。但當我們回頭檢視工作，經常會發現，自己確實花很多時間處理沒有意義的事。

正因如此，不時盤點手頭上的工作，逐步減少「應該放棄的工作」數量，才會如此重要。

4　工作不要從頭做到尾

思考哪個工作的重要程度較高，
以及當下該從哪裡先著手。

日本有句諺語：「年輕時吃的苦，會成為將來的財富。」雖然有些人不一定認同，但我覺得這句話有一定的道理。做一些不太引人注目的工作，確實很辛苦，但做得越多越熟練後，自然會提升處理這類工作的能力。

儘管我經常思考，要怎麼做才能讓工作處理起來能更輕鬆愉快。但我也認為，人生中有一段能讓自己忙到昏天暗地的時期，也是一種不錯的體驗。

我在進入公司工作一、兩年後，曾因人事異動而被調至不同部門，在之後半年裡，由於我無法掌握新部門的工作要領，結果忙得團團轉。

雖說因缺乏新部門的相關經驗和知識，所以出現上述這種情況很正常。但出社會後，絕不能一直陷在這種窘境裡。否則可能出現這種狀況：明明自己這麼忙和努力，卻得不到主管賞識。

其實會發生這種問題，大多跟自己還沒有好好的把事情想清楚有關。

我後來仔細分析當時碰到的問題，才發現比起工作量多寡，工作的重要度才是應該關注的重點。

注意到這點後，我開始把要做的事寫到筆記本上，逐一標上截止日期和重要程度，讓自己分辨不同工作以及任務之間重要程度的差異。接著，我俯瞰自己手上的工作，思考哪一項工作是當下最緊急；從哪裡開始著手，能做好價值主張（按：Value Proposition，指個人或企業對於提供的產品或服務能為客戶做出的承諾，這種價值必須建立在滿足客戶或潛在客戶需求上，並達到個人或企業獲利的目的）；哪一件事其實可以不處理；哪個工作雖然可以拜託其他人來做，但還是由自己來完成比較好。

團隊工作時，我會先決定要分派哪些工作給其他人處理。因到了接近截止前才分派工作，不只可能會造成別人的困擾，最壞的情況還可能遭到對方拒絕。

這種做事方法直到我離開公司、獨立創業之後，也沒有發生改變。甚至可以說，現在我覺得為工作排出先後順位這件事，比起以前自己待在公司裡的時候更為重要。

目前，我會在有充裕時間的日程安排下，把部分工作外包給別人處理，或找工作夥伴來完成，這麼做還能提高工作的品質。

此外，**我有時會乾脆不做重要程度較低的工作**。不過，對普通上班族而言，沒有不做的選項，所以只要稍微應付一下就好，別花太多時間處理那些不那麼重要的工作。

跟我用「必須（must）和想要（wish）」來分類工作不同，《三階段時間管理術》的作者酒井，建議大家應依重要程度來為分類工作。這本書也提到，如何盡快處理「重要但不緊急的工作」之重要性。

《人生因筆記而改變》（按：臺灣未代理，此為暫譯）也提到，我們可以為工作排出先後順序，然後從重要程度較高的工作開始處理。

5　一天花 15 分鐘做計畫

這個要做，那個得處理……

感到忙碌時，更要把時間用在安排計畫。

當我還是上班族時，星期一早晨總令我憂鬱。這種症狀是典型的「星期一症候群」——人感到快樂的週末即將結束，對即將迎來繁忙的一週感到恐懼。

過去，每到星期天晚上就寢時，我大腦就開始工作了：「明天要處理○○，接著做□□……對了，要記得聯絡客戶。但在打電話前，必須和主管討論。」

結果我的睡眠品質因此變差，連帶影響工作表現、不斷出包，於是自己得花更多時間來善後，沒辦法好好休息，陷入惡性循環中。

以前我經常覺得很疲倦，很難早起。拖著沉重的步伐來到公司後，一早就有需要應付的電話，主管又一直丟事情過來。好不容易能喘口氣，結果打開電子郵件一看，發現有好幾封與工作有關且需要回覆的郵件。

我發現，自己好像都在處理不斷增加的雜務，導致原本想要做的事情根本沒有進展，就這樣拖過了一天、一週然後一個月。

看到這裡，不知道是否有人也有相同經驗呢？

要解決這個問題，其實有一種簡單又有效的方法，就是《人生因筆記而改變》提到的「一天花十五分鐘做計畫」。

具體做法是，到公司後，在打開電子信箱之前，先整理當天要處理的事情，讓心情沉靜下來，然後寫下工作項目，並**排出完成的先後順序**。只要能做到這件事，你就能重新**拿回管理工作的主導權**。

如果你的主管屬於早起類型，或辦公室從一早就有電話打進來，會影響到你的話。那麼，你可以試著更早進辦公室，或先到公司附近的咖啡店裡待著。

我基本上屬於夜型，不擅長早起。儘管如此，有必要時，我還是能利用從早上七點到接近上班時間的這段空檔，待在咖啡店裡準備資格考試，或安排工作進度。當我能完成這件事時，就產生「自己能掌握人生」的感覺。

當然，就算事前做好萬全的準備，也不代表接下來的安排都能按照計畫進行。但只要保有一段時間能修正計畫——有些人喜歡早上先花幾分鐘整理當天要做的事；有的人會在前一天晚上，先整理工作規畫。怎麼做和個人的習慣有關——就能避免工作上出現嚴重失誤。

有些人在感覺自己忙得不可開交時，心裡會想：「如果有空閒時間做計畫，還不如去處理其他事情。」其實這樣的想法是錯的。**正是在繁忙的時候，才更應該確保做計畫的時間**。

忙碌，並非因工作的量（數量）和質（難易度）造成，而是源自於個人焦躁的情緒。所以，藉由確保用於思考規畫的時間，就能消除掉大部分的忙碌。如此一來，即使是星期一早上，也能以輕鬆的心情上班。

順帶一提，我後來還會在星期五下班前，把下週一要做的事情寫在便利貼，然後貼在自己的桌子上，當作「給自己的一封信」。這麼做不只可以提醒自己下週上班時要做什麼，還能讓自己在週末過得更愉快。

筆記和便利貼除了記事，還能帶給人「已經把所有事情寫下了，所以就算不小心忘記，也不用太緊張」的安心感。

6　子彈筆記術，用符號條列

子彈筆記術是完成度極高的一種筆記術，
透過符號能快速整理筆記。

如果你喜歡做筆記，或許你曾嘗試使用多功能記事本，並設計一套自己專用的筆記技巧。若能持續使用這套技巧，那麼你肯定能稱得上是筆記高手了。

我認為子彈筆記發明者瑞德．卡洛（Ryder Carroll）絕對是筆記狂熱者，他在《子彈思考整理術》（*THE BULLET JOURNAL METHOD*，天下雜誌出版）介紹的筆記術，使用「・」、「○」、「－」等符號，來整理工作和完成的事。

若要使用子彈筆記術，首先得認識該筆記術不可或缺的四項內容：

- 索引（Index）：所有筆記內容的目錄。
- 未來規畫表（Future Log）：年曆，半年至一年的活動和目標。
- 月規畫表（Monthly Log）：月曆，一個月的預定事情。
- 日規畫表（Daily Log）：一天的預定事情。

接著是關於書寫方式，子彈筆記術利用符號，來簡潔且快速的條列內容：

- 「・」：工作、任務。
- 「。」：活動。
- 「－」：筆記。
- 「＊」：重點事項。
- 「！」：靈感。
- 「×」：已完成的工作。
- 「＞」：移到隔天完成的工作。
- 「＜」：之後才要處理的工作。

「・」（工作、任務）依進展狀態，可更換為「×」、「＞」或「＜」，讓做筆記的人易於掌握狀況，一目瞭然（見下頁圖）。

我曾痴迷於使用多功能記事本，當時的我和《子彈思考整理術》作者在書中寫的一樣，除了為筆記製作索引，也會用各種符號來做筆記。因此當我閱讀這本書時著實大吃一驚。

實際上，我曾花時間使用《子彈思考整理術》裡介紹的筆記術。雖然要記住書中提到的規則確實得花點力氣，可是記住後，就能順暢使用了。雖然我覺得若子彈筆記術能依個人需求做適度的改變，用起來會更順手，但這不影響子彈筆記術是一種功能強大且設計完備的筆記術。

我認為，喜歡做筆記且會在筆記上花時間和精力的人，可以試著以子彈筆記術為基礎，用它

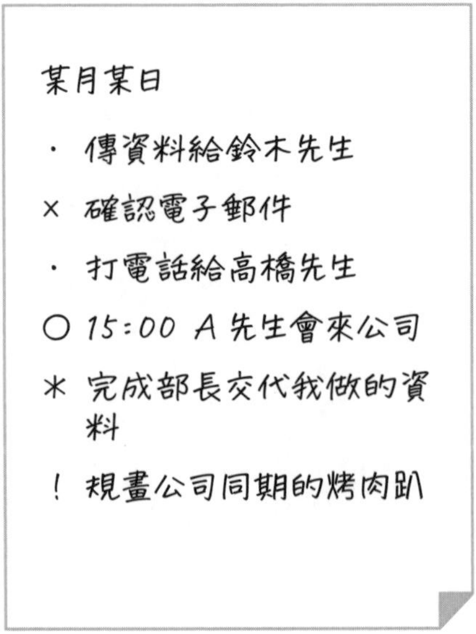

◀ 子彈筆記術。用符號來條列內容，容易掌握工作狀況。

來打造出個人專屬的筆記技巧。

然而，任何事物都存在弱點，我認為對於非筆記狂熱者來說，應該很難有堅持使用這套筆記術的熱情。

子彈筆記術包含「移轉」（Migration）步驟，需要把包含索引在內的內容，移轉到新筆記本上。要完成這件事情，需要時間和精力。對於還不熟悉子彈筆記術的人來說，這件事很可能讓他們感到麻煩，進而產生挫折感。

我認為筆記本雖然適合用來條列工作項目，但卻不適合用來管理工作。後者使用便利貼或數位工具比較方便。

目前我除了紙本筆記本，也會用便利貼和智慧型手機來管理工作。

如果只想用一本筆記本搞定所有事情，子彈筆記術肯定是不錯的選擇。但若能同時使用便利貼和智慧型手機，就能彌補筆記本的缺點，所以三者搭配著使用，相信會是更合宜的做法。

7 一行日記，改變人生的契機

回顧我們每天做的事情，
能發現自己真正想做的事。

日本雅虎公司企業導師伊藤羊一，在《一天一行小日記，寫出超強行動力》（采實文化出版）中，向讀者介紹寫日記的方法，就是每天只寫一行。雖說是「一行日記」，實際上卻是有四個項目：

- 今日記事（一行日記）。
- 對我的意義（So What?）。
- 我的發現（Aha!）。
- 我的行動（Action）。

回顧，是撰寫一行日記的主要目的。伊藤認為只要能養成撰寫一行日記的習慣，人就會有所成長，然後發現什麼才是自己真正想做的事情（按：一行日記的寫法見第七十七頁）。

《一天一行小日記，寫出超強行動力》是近年出版的書。雖然我還沒實際用書中提出的方法，但我每次做筆記時，都跟該書提到的一樣，會回顧並深入挖掘和思考記下的內容。

截至今日，我寫日記超過二十五年。不過，我並不是每天都寫，有時我會一口氣寫下一個星期分量的日記，有時甚至會一次寫一個月。

儘管這麼做好像失去寫日記的意義，但這件事對我來說，依舊難以割捨。

專欄

印度旅行時的筆記回憶

我正式開始寫筆記，始於一次個人的印度自助之旅。

我二十歲時，因下定決心「趁這一年，做自己想做的事」，所以我大學休學一年，嘗試不少事情，而去印度旅行三個月就是其中之一。

這是我第一次到海外旅行。現在回想起來，我也說不清為何當初自己想去印度。但只要有人問起原因，我都回答：「受到印度的召喚。」無論如何，印度無疑是這個世界上最有意思的國家之一，到印度走走這件事，成為我人生中難忘的經驗。

我大致的行程是先抵達德里（僅次於孟買的印度第二大城市），然後前往印度最南端的科摩林角（Cape Comorin），接著去尼泊爾，最後從加爾各答回到日本。整個旅行可說相當隨興，我只買了來回機票，連抵達印度當天要住在哪裡都沒決定。

從日本搭飛機到印度需要八個小時。抵達當地後，我為了環印度一周，更是花了很長時間搭乘火車和巴士等交通工具。甚至有一次我搭上的巴士數度故障，讓原定的行車時間增加一倍，變成三十四個小時。

儘管發生這種事情，我還是挺喜歡這段移動時間。因為旅途中無法做其他事情，所以很適合好好思考事情。

話雖如此，如果思考時間過長，會讓人感到厭煩，就算換成閱讀，也一樣。在這種情況下，我不知不覺拿出從日本帶來的筆記本，開始在上面寫下旅程中發生以及想到的事情。也是在這個時候，我發現了寫筆記的魅力。

那時的我根本不知道筆記術是什麼，所以我只是單純的把經歷和想到的事寫上去而已，這麼做卻讓我相當愉快。

這次經驗成為我日後的習慣，只要想到什麼，就把想到的事情原原本本的記在筆記本。從某個意義上來看，或許這是我對筆記產生興趣的原點。

印度之旅後，我還獨自去了歐洲、泰國和中國等國家旅行，而且無一例外，每趟旅程我都帶著筆記本同行。有時我會覺得，比起旅行，寫筆記似乎更令我開心。

筆記術大全

《成功者的筆記本都記些什麼？》

為了不增加大腦的負擔，作者美崎榮一郎在書中分享他獨創的金三角筆記術——記事筆記本、母艦筆記本、日程筆記本，三種筆記術緊密結合。

- 記事筆記本：隨身攜帶，用來記錄靈光一閃的想法，可用便利貼或能放進口袋的小本筆記本。
- 母艦筆記本：用來整理並組織記事筆記本中的資訊。
- 日程筆記本：以月為單位，來記錄 when ／ what ／ where，搭配母艦筆記本使用，記錄專案或是工作進度的截止日期，追蹤各種進度是否延宕。

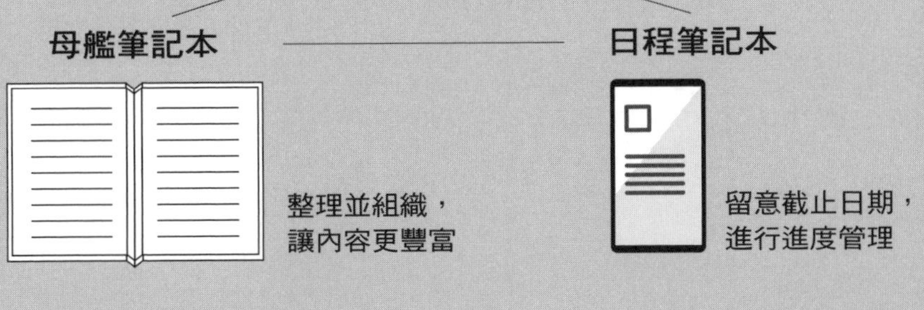
記事筆記本
隨身攜帶，
記錄訊息
母艦筆記本
整理並組織，
讓內容更豐富
日程筆記本
留意截止日期，
進行進度管理

《搞定！》

GTD（get things done，儘管去做）「搞定五步驟」——這是一種無壓力、高效能的工作管理技巧，能建立適合自己的管理系統，有效達成目標。

1. 捕捉：用筆記本、App 等各種工具，不分工作或私事，蒐集所有待辦事項，釋放因大腦造成的壓力。
2. 理清：對每件蒐集到的事提問：「需要採取任何行動嗎？」並決定事情該怎麼處理。如立即執行（兩分鐘內可完成）、委派他人、延後執行或立即丟棄等。
3. 整理：將理清後的項目整理到行動清單、專案清單等，能作為備忘提示的工具中，藉由分類事情，讓大腦專注發揮思考判斷與創造力。
4. 回顧：定期檢視各種清單，掌握每項任務的進度並持續推動進展。
5. 執行：考量自己的條件限制（情境、可用時間、精力）、事情格局（例行瑣事或人生目標？）與任務性質（突發狀況或已排定事項？），再依「直覺」決定當下應採取的適當行動。

《一天一行小日記，寫出超強行動力》

成長的契機，其實藏在每天的日常裡。一行日記共有 4 個項目，能讓人們不斷回顧，找出思考的盲點或共通之處：

- 今日記事（紀錄）：用一句話記錄一天中最令你在意的事，或工作上成功或失敗的事等。內容必須能讓你想起當時的心境，之後的回顧效果才會好。
- 對我的意義（回顧）：回頭思考所發生的事情，並不斷問自己：「這件事對我有什麼意義？」冒出的想法、靈感或任何相關事物，都可以寫下來。
- 我的發現（發現）：發現自己的想法所代表的意涵。
- 我的行動（行動）：當你發現接下來可以或必須做什麼，寫下來並採取行動，這麼一來就能改變。

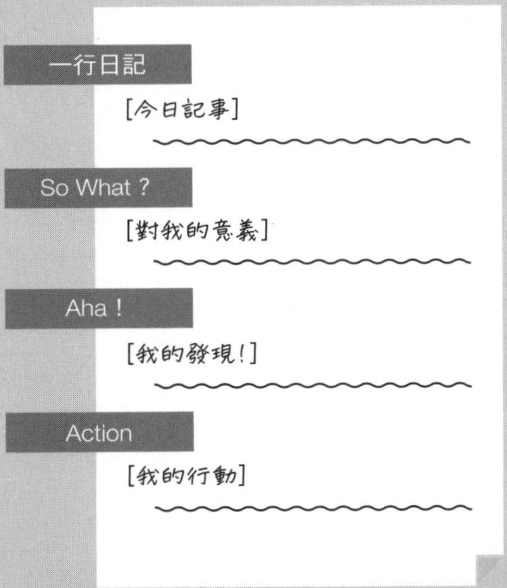

第二章

一個點子，衍生八個視野：企劃筆記

1　大量寫，狠狠丟

只是為了幫助自己思考，
筆記字跡無須工整，其內容也不用全留下來，
重點是大量書寫。

有些人認為，做某件事只要在腦中大致構想就夠了，沒必要刻意寫在紙上。不過，人腦無法思考過於複雜的事。所以，哪怕只是簡單的內容，唯有寫下來，才能藉由閱讀文字來理解或察覺哪裡不太對勁，進一步推進我們思考。可以說，**書寫可以讓我們俯瞰全局，擴展自己的視野**。

其實目前已經有不少研究證實，手寫能活化人腦。這種被稱為「勞動興奮」的現象（按：一旦開始做，心情會越來越興奮，漸漸產生動力），雖然敲打鍵盤也能獲得一定的效果，但手寫的效果更好。

有些人會把「我今天沒有幹勁」掛在嘴邊，其實這很正常。人早上起床後，如果明明什麼事都還沒開始做，就充滿幹勁的話，反而很異常。一般來說，人應該是先做了什麼，之後才會湧現幹勁。

每當我感到腦袋當機時，都會利用寫筆記來整理思緒，讓自己恢復做事情的動力。我現在每天都透過書寫，使自己進入工作的狀態。

我認為，光看市面上出版了那麼多有關如何做筆記的書籍，就能了解手寫筆

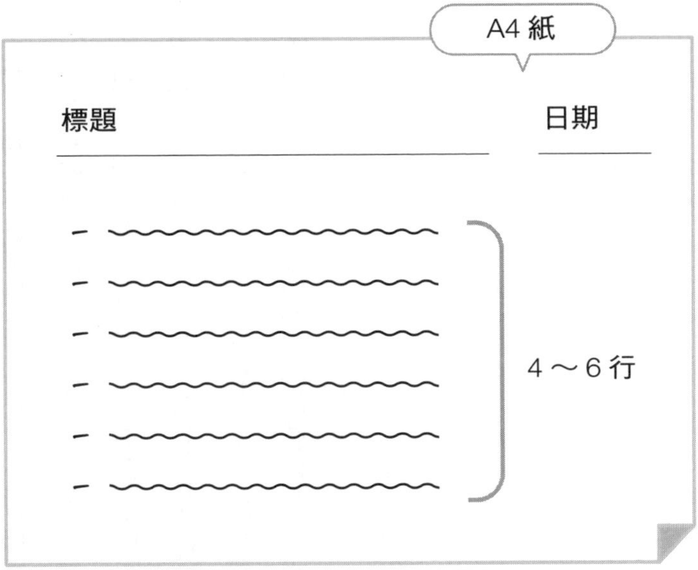

▲ 不需要多想，重點是一分鐘寫好一張 A4 紙。

記的效果到底有多好。

日本顧問大師赤羽雄二在《零秒思考力》（悅知文化出版）建議讀者，可以將 A4 紙打橫，然後在上面寫主題、日期及四至六行的筆記內容（見上圖）。他認為，藉由**寫筆記可以整理大腦裡的思緒，讓人充滿自信並不容易發怒，且快速成長**。

赤羽說，我們**無須花時間在思考筆記要寫什麼，重點是一分鐘內完成一張 A4 紙的**

內容。藉由不斷重複這個流程，可以培養我們快速思考、零秒得出結論的能力。

我實際嘗試這個方法後，覺得大腦有暢快感。不過，以我來說，若一張A4紙只寫四行內容，會讓我有想填滿空白處的衝動，進而催生出新的想法。因此我喜歡在A4紙上寫到心滿意足為止才停筆。

赤羽認為，價值較高的點子，通常會在筆記的前半出現。然而，我常常寫到筆記後半，才得到較多有意思的想法。或許這是我和他性格上有差異的緣故。

2　組合便利貼和卡片

新的點子來自於不同事物的結合。
透過在便利貼和卡片上寫下內容，
嘗試不同組合吧！

我曾有一段時期非常不擅長處理企劃類的工作。因為以前我總認為，所謂的企劃必須無中生有、創造全新的東西，只有聰明又有格調的人才能勝任。

但日本廣告界龍頭「博報堂」創意高手加藤昌治卻不這麼想，他引用美國傳奇廣告大師楊傑美（James Webb Young）在《創意，從無到有》（*A Technique for Producing Ideas*，經濟新潮社）中提到的概念：「所謂的點子，不過是既有素材的重新組合罷了，除此之外別無他物」，來進一步說明。

加藤說，為了找到能組成點子的素材，必須大量書寫，因為「**品質由數量而來**」。藉由不斷輸入（Input），然後透過「擴展後集中，接著再擴展、集中」，可以幫助我們發現好的點子（見八十八頁圖）。

我認為，在當今日本已廣為人知的彩色浴效應（按：Color Bath，當人意識到某事或產生興趣，相關訊息很容易會出現在自身周遭），最初很可能是由加藤的《考具》（商業出版）推廣開來。舉例來說，當你決定了「今天代表色是紅色」，之後你走在路上，就會不斷接收到來自各方關於紅色的資訊，然後這些資

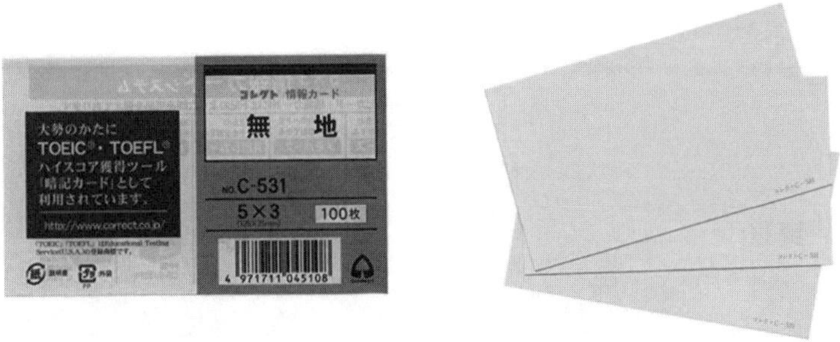

▲ 在文具店就能買到的小卡，很適合用來寫下資訊，且方便管理（圖片擷取自亞馬遜）。

訊又會轉換成讓自己想出好點子的材料。

除了彩色浴，《考具》還介紹許多像曼陀羅九宮格和心智圖等，能幫助讀者想出許多點子的實用思考工具。為企劃工作所苦的人，可閱讀這本書。

日本精神科名醫樺澤紫苑在《最高學以致用法》（春天出版社）建議大家，把想到的事情，一個接一個的寫在文具店就可以買到的小卡上面，如此一來，就能源源不絕的產出，原本沒有想到的好點子。

德國學者申克．艾倫斯（Sönke Ahrens）在《卡片盒筆記》（*How to Take Smart Notes*，遠流出版），詳細介紹卡片盒筆記法（Zettelkasten）。

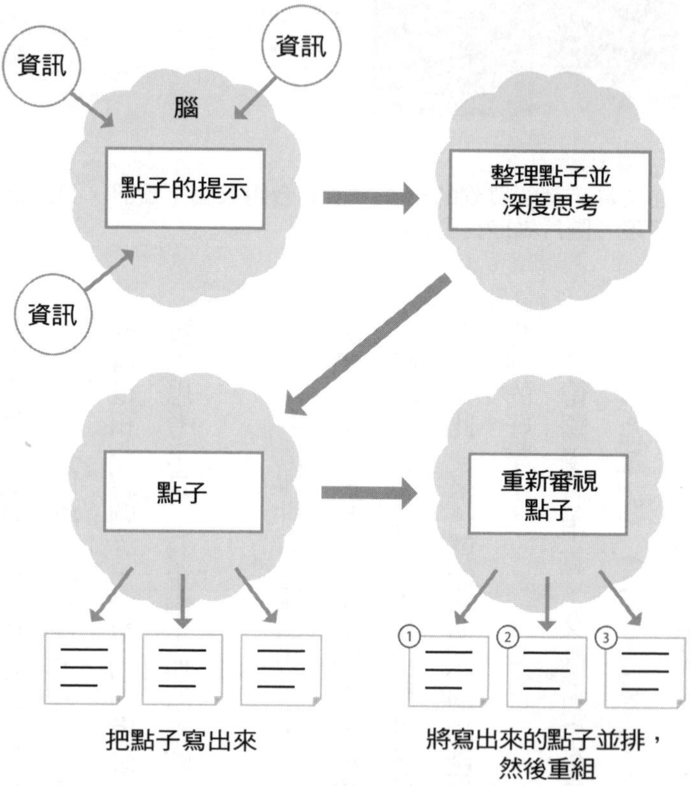

▲ 點子的品質由數量而來，透過不斷寫下點子，然後審視、並排、重組，就能找到好點子。

Zettel 和 Kasten 在德語中的意思，分別是紙和盒子。卡片盒筆記法不用筆記本來管理知識，而是藉由把每一項資訊內容寫在小紙片上，藉此做知識管理。

卡片盒筆記法的筆記可分為靈感筆記（Fleet Note）、文獻筆記（Literature Note）、永久筆記（Permanent Note）和索引卡片（Indexing Card），彼此間用數字替相關內容建立連結，然後分別把筆記收進合適的盒子裡保管。只要能理解這種筆記術的構造和方法，那麼想要完成一本巨著也不是夢。

卡片盒筆記法與其說是筆記術，其實更像是一種讀書技巧。這本書除了筆記術外，還提到有關寫書或論文（輸出）時，會用到的資訊整理方法。

由於《卡片盒筆記》剛問世不久，而我也非學界人士，所以直到讀了這本書後，才知道這種技巧。

單就內容來說，該書相當不錯。我在執筆本書時，把五十本關於筆記的書籍放在一旁，一邊參考自己做的筆記，一邊寫作，這種方式很耗體力。如果早點知道卡片盒筆記法，相信寫作過程應該會更輕鬆。

另外，我之前總有一個煩惱：「該怎麼做才能不斷孕育出創作下一本書的好點子？」多虧了《卡片盒筆記》，我獲得不少值得參考的想法。《卡片盒筆記》提到，書中的技術可搭配數位工具使用，以達到建立更佳的數據庫（Date Base），我對此感到相當興奮。事實上，我認為比起使用紙張以及盒子，利用像是Notion等應用程式來儲存資訊，可能會更理想。

總之，先把想法、點子寫在三十張卡片上，然後從寫下的內容所能聯想到的事情，再進一步延伸想法。記住，比起內容的「質」，更應該重視「量」，若能寫到一百張卡片更棒。

申克就是用這個方法來寫書。而我後來親身實踐，只要調整一百張卡片的順序然後加以整理，幾乎要完成一本書了。

用電腦或筆記本思考事情，雖然是不錯的方法，但若要想出好點子，使用卡片讓人能更容易產生想法，且整理起來也很方便。雖然使用卡片需要較寬敞的空間，但對於要寫一本書或構思講座內容，這仍是一種值得推薦的方法。

3　用筆記本清理腦袋

把自己想的事情全寫進筆記裡，
只要清空大腦，新點子就會浮現出來！

擁有超過二十年指導經驗的谷澤潤在《一定拿出成果的驚異思考法》（按：臺灣未代理，此為暫譯），向讀者介紹Brain Dump思考法：「把你腦中（Brain）的想法，全部傾倒（Dump）出來」。

谷澤認為，Brain Dump思考法是一套只要依下列步驟執行，就能想出點子並付諸實行，最後取得成果的機制：

1. 構思點子，在腦中輸入資訊。
2. 整理腦中想法，然後全部傾倒出來。
3. 製作行動列表，排出行動順序。
4. 執行行動列表上的內容。
5. 檢視自己的點子和行動列表，並修正。

從以上的內容可以再次發現，為工作排定出先後順序有多麼重要。

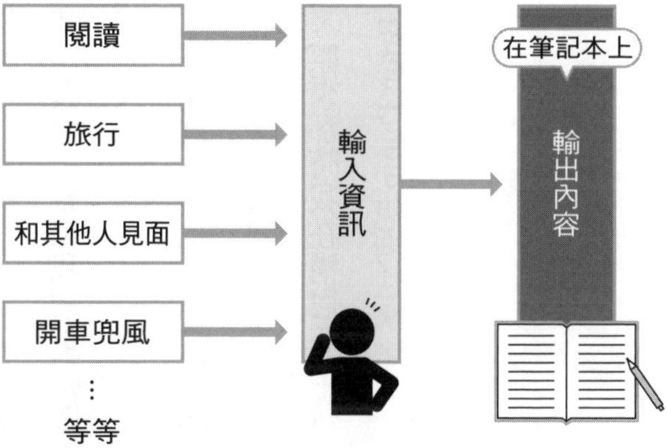

▲ Brain Dump 思考法有助人想出點子，並採取行動。

谷澤建議大家在構思點子時，不妨閱讀與主題有關的書籍、外出旅行、和其他人見面，然後打造能讓自己輸出內容的場所。我印象最深的是，他提到：「水裡和高處，是最容易想出點子的地方。」

他只要腦袋打結時，就會帶著筆記本開車兜風。有時還會在山上、田間或海邊跑步，然後等到形成較為完整的想法後，再集中精神把內容寫到筆記本上。谷澤認為這些行動能有效幫自己想出點子。

我雖然沒有採用這本書的所有建

議，例如做筆記要使用高級筆記本、模造紙以及十二色筆等，但當我回過頭再次閱讀時才發現，原來我的筆記術受到該書的啟發頗大。

我在寫前作《改變自己的筆記術》（按：臺灣未代理，此為暫譯）時未意識到，原來那時我在構思想法時，就是利用了 Brain Dump 思考法。

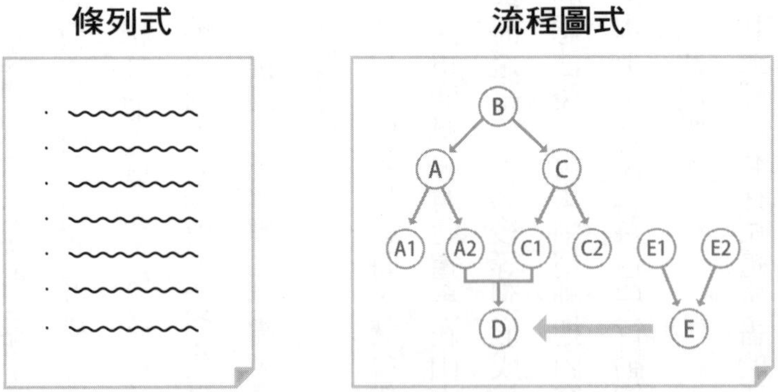

▲ Brain Dump 整理想法的方法很自由，條列出來或做圖表都可以。

4　筆記能提升 5 種能力

記下所有事情後，
應思考內容本質，然後想看看可以怎麼活用。

日本知名創業家前田裕二在《筆記的魔力》（天下雜誌出版）提到，做筆記可鍛鍊五種能力：

1. 產出創意（提高智慧產出能力）。
2. 各種資訊不再過門不入（提升資訊傳達效率）。
3. 找出對方內心真正想表達的事（提高傾聽力）。
4. 理解整體對話的架構（提升組織結構力）。
5. 能用語言表達抽象的概念與模糊不清的感覺（加強語言表達力）。

這本書的精髓在「抽象思考」。前田說筆記本要跨頁使用，然後將兩頁共分成四個部分，從左到右依次為標題、事實、抽象思考和轉用（見左頁圖）。

事實，是自己看到或聽到的事情。抽象思考，是從事實中能獲得的資訊、經驗或思考方式。而轉用，是指活用經驗或思考方式。

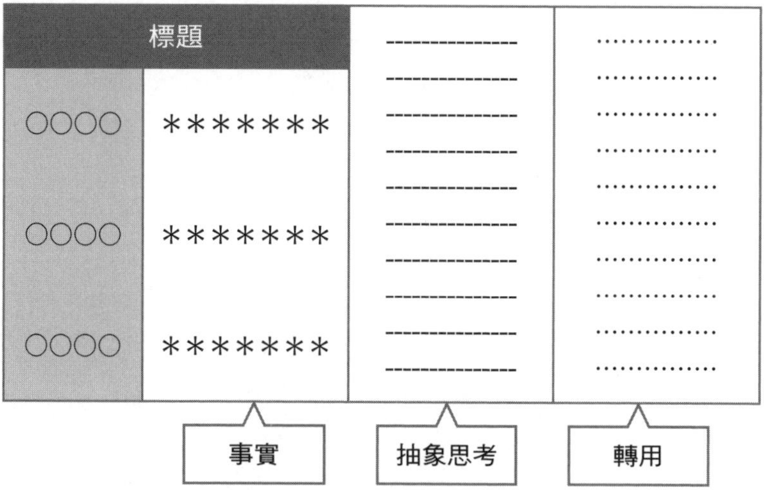

▲ 筆記本要跨頁使用，並分成 4 個部分。

據說前田在年紀很小的時候，曾靠演奏吉他來賺錢，並從那時候開始做筆記。後來他轉用這段經歷，創立一間提供即時影音串流網站服務的公司 SHOWROOM。

《筆記的魔力》出版時，我已經離開公司自行創業了。之前我思考有關創業的事情時所做的筆記，雖然沒有分成四個部分，卻在無意間，實踐從抽象思考到轉用的技巧。我認為，若我在學生或上班族時代，讀到《筆記的魔力》的話，人生可能會和現在不一樣。

5 曼陀羅計畫表，成就二刀流

一個點子，能衍生出 8 個視野！

前文提到的《考具》，以及日本天才體育教師原田隆史的《學會「曼陀羅計畫表」，絕對實現，你想要的都得到》（方言文化出版），其內容都介紹過曼陀羅九宮格。

曼陀羅九宮格在日本能享有一定的知名度，歸功於以「雙刀流」闖出名堂的職棒選手大谷翔平，在高中時就使用這項工具。

在原田隆史的書中，他以「Open Window 64」來代指曼陀羅九宮格。要執行 Open Window 64，首先要製作一張九乘九的表格。做法是畫一個三乘三表格，然後向外擴增。

第一步，在最初的九宮格的正中央，寫上自己想達成的目標。

第二步，在最初的九宮格其他格子裡，填入要達成目標的必要條件。

第三步，把這些必要條件分別填到鄰接的三乘三表格的正中央，最後在其周圍的八個欄位裡，分別寫上應該要採取哪些具體行動，才能完成這個條件。

考慮到有些人使用數位工具會較難產生想法；紙的空間不夠，不方便做九宮

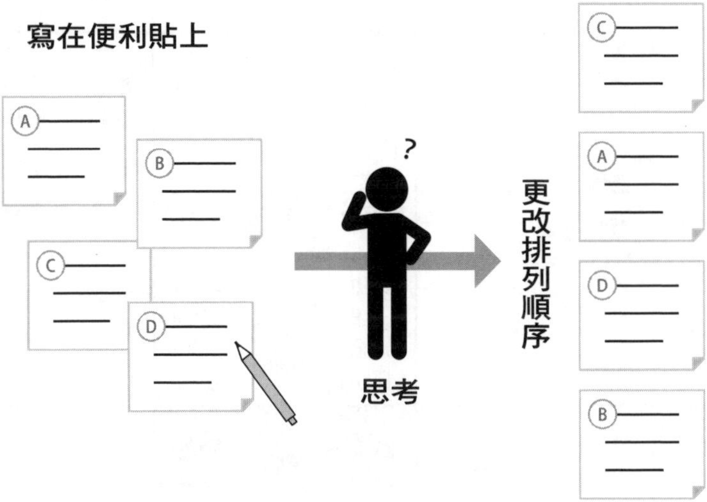

▲ 如果空間不夠，可利用便利貼來製作曼陀羅計畫表。

格；想更換九宮格部分內容，可參考前巨型銀行行員坂下仁的《超強便利貼筆記術》（方智出版），改用便利貼來製作曼陀羅九宮格。

而我會先用筆記本加上便利貼來完成曼陀羅九宮格初稿，然後整理到 Excel 上。

因為我在使用時，會把重要的曼陀羅九宮格印出來，並持續修改裡面的內容，所以有電子檔會比較方便。

曼陀羅九宮格除了可以用

講座	製作商品	創業	和數位工具結合	筆記時間術	筆記術百科	工程知識產權、法務	目標管理品質管理	募資、財務
發送訊息（部落格）	**區域經濟**	副業	筆記同好會	**筆記**	一人合宿筆記	資金周轉、會計	**新創企業**	商業點子
招攬客人	銷售（午餐宣傳活動）	教科書	成功人士的筆記（採訪）	創業者的筆記（採訪）	幫助上班族創業的筆記術	商業模式戰略	精神面支援	人才的招募管理
學習法（考證照）	請示文件	生存策略	**區域經濟**	**筆記**	**新創企業**	群眾募資	融資	天使投資
精神面	**上班族**	個人定位	**上班族**	安田	**資金**	捐款	**資金**	投資
閱讀	送老婆禮物	請別人吃午餐（蒐集資訊）	**技能**	**人脈**	**組織架構**	提高單價	存錢節省開銷	自我投資
引導（Facilitation）	開發軟體	諮詢（Consulting）	Frasco的架構	介紹	業務委託業務合作	MVP系統	Darwin	線上沙龍
FP、財務分析證券分析	**技能**	教練（Coaching）	信用論	**人脈**	僱用	PDCA	**組織架構**	行銷自動化
溝通	出版	在國外生活一邊旅行一邊工作	友人論	物以類聚	認定	廣告、自動化	舉辦講座的方法	標準化

來達成自己設定的目標，還能活用於蒐集資料和整理想法。右頁圖是我在幾年前，為了寫書和開設講座，想知道「自己所擁有的東西和強項」以及「我應該要對什麼資訊更加敏銳？」時，所製作的曼陀羅九宮格。

位於表格正中央的是我自己，周圍的欄位裡是我擁有的八件事物。接著我更進一步挖掘這八件事物，來慢慢填滿表格。

6　條列，理大腦也理心情

只要在筆記本寫標題和日期，
然後大量條列式書寫，就能幫助自己思考。

我認為，「只用條列式來書寫」能幫助自己思考。在我試過許多不同的筆記術後，最後還是回歸到如此簡潔的方法。

日本著名習慣養成顧問古川武士在《用寫的冥想法》（大是文化出版）寫道，藉由寫情感筆記——「拿起筆寫下文字。腦內浮現出什麼，就寫什麼，不需要多想，直接寫下內心湧現的想法。這麼一來，就會發覺以往沒能覺察的事情。傾聽內心的聲音，與自己對話，深入的了解自己。」只要條列出想法，能整理自己的內心。

作者認為，情感筆記有三個步驟可以讓人得到如冥想般的效果：

1. 書寫冥想。
2. 書寫整理。
3. 養成習慣。

透過情感筆記的三大作用：自我修復、自我管理、自我開發。你會意識到情緒波動、發現自我，讓生活變得更加富足，人生往更高的層次邁進。

相信作者這番話，對平常習慣做筆記的人來說，頗具說服力。

我除了經常利用筆記幫助自己思考，在**感到焦躁或碰到討厭的事情**，大腦往往停止運轉時，我同樣會**攤開筆記，把當下想到的事情全部寫出來，能讓心情舒暢點**。

《用寫的冥想法》內容淺顯易讀，適合想要養成某些習慣或希望達到自我啟發的人來閱讀。

順帶一提，我在《改變自己的筆記術》介紹的筆記術，是在 A4 筆記本寫下標題和日期，然後把浮現在腦海中的事情，以條列方式全部記下來。另外，我也在書中推薦一人合宿筆記術（按：合宿是日本特有的文化，不管在學生時代或出社會進公司後，經常有短期間集體生活，用來培養對工作的默契與責任感。而作者研發的一人合宿筆記術，則是準備筆記本跟筆，尋找確保自己不會被干擾的時間和場所，以專心思考）。

人只要有三十分鐘能集中精神來面對筆記本，就能好好整理自己的思緒。我會定期舉行一人合宿，有時會花三十分鐘、三個小時，有時花三天甚至三個星期，來整頓想法。有關新的商業模式或下一本想寫的書的構想，我幾乎都是在一人合宿的期間完成的。

我第一次進行一人合宿筆記術後，就決定要離開公司。從那以後，只要我遇到需要做出大幅改變公司的經營方針，或開發新商品等重大決定時，都會執行一人合宿。如左頁圖，我也曾用這個方法來思考，如何推廣一人合宿筆記術。

一人合宿很容易執行，我相信這絕對是能改變人生的筆記術。有不少讀者向我反饋，執行一人合宿後「思路變得清晰」或「自己終於展開行動」。而我也是靠著筆記，徹底改變人生。

一旦被例行工作追著跑，我們的頭腦很容易陷入渾沌狀態，無法發揮出應有的思考能力。遇到這種情況時，就算你產生一些想法，也很難深入思考。

2021／1／9　11:00～

關於如何才能把一人合宿的價值讓世人知道

1. 儘管我清楚知道「一人合宿」具有極高的價值，但要把它的優點傳播出去卻不容易。
2. 雖希望能讓更多人了解一人合宿，但很難用語言文字來闡述，因為其中存在不少內隱知識。
3. 一人合宿也是一種筆記術。
4. 實踐一人合宿能讓頭腦變靈光（菁英們都在使用），容易想出點子。還能有效率的使用時間，管理好日程。
5. 幫助自己達成目標、實現夢想、養成習慣。穩定心情，減少擔心的事。
6. 一人合宿的內容大致如上。一人合宿、手帳術及筆記術，屬於同一個領域。
7. 許多人推薦 B5 ～ A4 筆記本及手寫筆記。
8. 筆記本的使用方法有很多種，例如可依據目的來使用：制定規則、養成習慣、用不同顏色的筆來書寫，以及搭配便利貼來使用等。
9. 「在空白筆記本上自由書寫」或許過於簡單，不容易讓人理解。
10. 「只用黑筆做筆記就夠了」，這樣的主張並不多見。但這麼做其實很輕鬆，效果也好。
11. 在空白筆記本上，由上而下書寫。上級篇裡才涉及進階的技巧。
12. 雖說越是化繁為簡的筆記術價值越高，但把這樣的筆記術整理成一本書，會不會過於簡單？
13. 若直接使用一人合宿筆記術，是否能同時傳達出一人合宿以及筆記術的價值？

我認為，筆記術的本質與其說是筆記的使用方法，更重要的，其實是如何確保自己有多少時間，能集中精神來好好的面對筆記本思考（見下圖）。

話雖如此，學習新的筆記術，然後產生「這種方法真有意思，我也要來試試看！」的想法，最後付諸實踐，所能達到的效果最好。對我們來說，**學習後試著實踐看看**，創造這樣的循環相當重要。

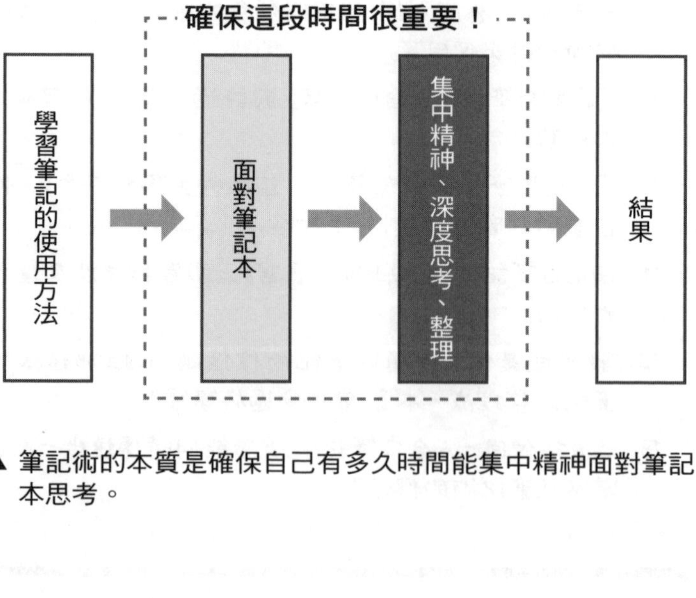

▲ 筆記術的本質是確保自己有多久時間能集中精神面對筆記本思考。

專欄

筆記，加深我離開公司創業的決心

我回想自己還是上班族時使用筆記的經驗，沒想到讓我留下深刻印象的，竟然是「決定離職」的時候，筆記所發揮的力量。

從我自行創業起，**不論是寫書、構思新的商品或舉辦講座等不同的工作面向上，筆記都起到了重要的作用**。其實當我還在公司上班時，沒有太多機會從事有關企劃等需要創意的工作項目。最後我會決定離開公司，也完全出乎自己的意料。但就結果來說，離職卻是我做過最有創意的一個決定了。

那時候的我，因要處理某項特殊的業務，獲得可在公司的研修中心住一個月的機會。儘管可以選擇通勤，但由於從研修中心回到自己家，光是去程就得花上大約兩個小時，所以我打消回家的念頭，住在研修中心。在這一個月的大多數日子裡，工作都會提早結束，待在研修中心裡閒閒無事，而我不太喜歡出門，當時書也剛好讀膩了，所以總覺得待在這裡特別浪費時間。

於是，我決定拿出筆記來寫點東西。透過做筆記，我思考了「自己希望在職場上累積什麼樣的經驗」、「自己的夢想是什麼」以及「我想達成什麼樣的目標」等問題，在思來想去後，最終得到的結論是「我應該離開公司」。

我之所以覺得上班族這種生活方式並不適合自己，有部分原因與「上班族其實並沒有大家想的這麼穩定」有關。後來我也理解，創業風險並沒有想像中大，是絕對值得嘗試的一種選項。

接著我又想，既然內心已躍躍欲試，且也認為自己應該要這麼做，卻不採取行動的理由是什麼？我能想到的只有因在公司上班能領到穩定的薪水，以及怕創業失敗被他人嘲笑而已。

若能克服這兩件事，最後剩下的就是「什麼時候」執行而已。雖然當時我曾湧出想立刻辭職的衝動，但思考後，我還是決定先好好利用上班族這個身分，為創業做好萬全的事前準備。幾年之後，我終於以最理想的狀態獨立創業。

當然，雖然創業之後我也碰到不少困難，但我清楚知道，這是最適合自己的一條路。所以，選擇離開公司接受挑戰，是正確的抉擇，現在的我過得既自由又幸福。

經過這件事後讓我深信，「筆記絕對具有改變人生的力量」。

筆記術大全

《用寫的冥想法》

如果你的生活，有這類困擾：工作沒成就感、心情突然很低落、一直做別人要求的「必須做」的事，漸漸忘記自己想做什麼……就可以寫「情感筆記」，情感筆記分成 3 個部分，都以條列方式寫下即可：

- 書寫冥想：每天 15 分鐘，回顧讓你感到失落、憤怒、開心、興奮的事，心裡冒出什麼，就寫什麼，而且好事、壞事都要寫。
- 書寫整理：1 個月一次，整理之前每天寫的紀錄，找出 3 件目前最影響你情緒的好事、壞事。
- 養成習慣：每 3 個月一次，回顧這段時間發生的好事、要反省之處，以及該如何改善。

每天寫 15 分鐘，只要寫下不安，問題就會從「該怎麼辦」變「就這樣辦」。

第三章

人生隨時向前行！記事本筆記

1　想到什麼馬上記下來

只要能把想到的事立刻記下來，
無須拘泥於紙本，也可記在手機或平板上。

不少跟筆記有關的書籍，都建議讀者要隨身帶記事本。例如日本和民集團創始人渡邊美樹的《為夢想標上實現日期》（按：臺灣未代理，此為暫譯），和GMO集團創始人熊谷正壽的《記事本圓夢計畫》（商周出版）都提到，我們應不時的審視隨身攜帶的記事本中的內容。

《超強便利貼筆記術》建議讀者，可以隨身攜帶不同大小的便利貼。我覺得這是很實用的點子，因為在電車裡有時很難取出筆記本，但小型便利貼可以放在口袋裡，方便取出。

雖然我習慣隨身帶小本記事本和筆在身上，不過如果臨時要記下想法或事情時，我會使用手機，透過 Notion 來做筆記。

話題回到（紙本）筆記本，我認為筆記本不離身是很重要的事。如果包包裡放著筆記本，就能利用像是到咖啡店小憩的空閒時間，打開本子寫點東西。

此外，當我們搭乘交通工具時，不太可能手寫筆記，但只要把關鍵字記在手機裡，等到公司或咖啡店等場所，就能把手機裡的內容，寫到筆記本上。

這種做法非常適合我，而且還能加深思考。雖說靈光一閃的點子有時確實能成為解決某些問題的突破點，但我認為，養成習慣把想到的點子記在筆記本上，然後不斷思考，更為重要。畢竟，若沒馬上把靈光一閃的點子寫下來，很可能就忘了，白白浪費一個好想法。

2　馬上、枕上、廁上，都放

人放鬆時，容易產生新的想法。
只要能拿出記事本，
就可以在第一時間記下靈光乍現的內容。

有些人會把筆記本放在枕頭邊，睡醒後記錄自己做夢的內容。《一定拿出成果的驚異思考法》也有提及這種做法。

有一種說法是，點子經常會出現在「三上」：馬上、枕上和廁上。還有些人表示，他們要準備睡覺時，會產生有關創作的靈感。這正好說明，**比起全神貫注在某件事情上，身心處於放鬆狀態，更容易想出好的點子**。

不過我沒有這樣的經驗。我反而在健身房運動或在公園散步時，較常產生許多點子。所以，對我來說，與其靠睡覺浮現想法，不如把時間用於思考會更為理想。例如有一次，我一邊思考要如何舉辦講座活動和寫一本書，一邊進入夢鄉，到了隔天醒來後，大致的想法在腦中都已成形了。

當然，我基本上還是希望自己睡覺時，能忘掉工作好好休息，因此這裡提到的情況並非常態。因為睡眠時仍想著工作等，會使人無法放鬆身心、消除疲勞。所以我通常只在臨近工作截止前，不得已的時候才會這麼做。

順帶一提，最近我突然發現，使用 Apple Watch 來錄音，也是一種做筆記的絕佳方法。因為除了洗澡外，不論是睡覺或在健身房運動時，都能戴著 Apple Watch。

雖然我覺得使用 Apple Watch 和 Airpods（見下頁圖），來製作「語音備忘錄」的效果還不錯，不過我仍在尋找更好的錄製方法。

另外，我還嘗試利用語音備忘錄來完成部落格文章的草稿，我發現，這麼做的速度不但比手寫來得快，完成的文章也很容易讀。

日本作家岡田斗司夫的《別為多出來的體重抓狂》（方智出版）和一般的筆記書有點不同。該書中介紹的「記錄減肥法」，要人們「記錄每天吃進嘴裡的所有食物」。

這種技巧不用計算卡路里，也無須強迫自己忌口，要做的事情只有每一天記錄飲食內容及量體重而已。岡田說只要這麼做，就能讓自己瘦下來。

這種減肥法的關鍵在於，把每天吃的東西「全部」記錄下來。然而若要完成

▲ 我用 Apple Watch 和 AirPods 來做語音備忘錄。

這件事，我們就得隨身帶著記事本或使用手機，如此一來，會讓人產生「好麻煩哦，乾脆不要吃好了」這種想法，進而減少飲食，幫助自己減重。

我認為，這種減肥方法同樣適用於養成新的習慣，因此就算是沒有減肥需要的人，也可以讀這本書。

3　不寫字，用貼的

寫備忘錄時，便利貼比筆記本方便。
在筆記本使用便利貼，也是一種筆記術。

《超強便利貼筆記術》提到，我們可以把筆記本視為便利貼的「載體」，原則上不必在筆記本寫下任何東西，只需把那些我們臨時想到並用便利貼記下的內容，貼到筆記本上，然後整理就可以了。

該書作者坂下強調，「整理」這個動作，最能發揮出便利貼的優點。因為便利貼的特色，是使用者可以從筆記本重複取下或貼上，可以很自由的重新排列或移到不同的頁面。

當我們整理便利貼的過程中，如果有了新發現，也可以立刻把想法寫在便利貼上，然後貼到筆記本，以此擴充資訊量。至於已經沒有使用價值的便利貼，直接丟掉即可，如此一來，還可以讓筆記本保持乾淨。

值得一提的是，坂下雖然使用便利貼管理工作項目，但因為他在工作上需要和其他人一起共事，所以利用網路雲端服務來管理並分享日程。

話說回來，我也認為沒有必要什麼都使用便利貼。

回想起以前還在公司上班時，有一陣子我不論遇到什麼事，如主管交派的工

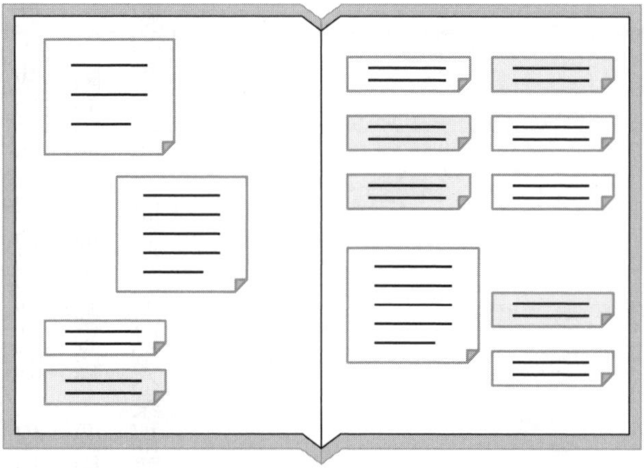

▲ 用便利貼記下事情然後黏在筆記本上，方便整理。

作、電話裡的談話內容或突然想到的工作等，全都寫在便利貼上，然後貼到自己的辦公桌。外差時，我會攜帶便利貼，用它來記錄不同的事情，之後貼到多功能活頁記事本，等回公司後再整理。每完成一項工作，就撕掉一張便利貼，這種感覺真的很爽快。

不過，要是便利貼的數量增加過多，反而會成為壓力來源，而且整理起來也很費勁。有時一些較舊的便利貼會自行脫落，不知跑哪裡去了，結果還要花不少時間尋找。

另外，過去的我為了應對不同場

合，而帶著不同大小的便利貼，然而這麼做，也在無形之中對自己造成負擔。因此，我現在依然會用便利貼，但只用來工作管理。

關於寫筆記或做備忘錄，要用筆記本、便利貼或智慧型手機都可以，這個問題的答案因人而異。所以大家都要嘗試，才能知道哪一種工具最適合自己。

4 左頁留白，用來剪貼或補充

如果你會剪貼筆記本的內容，
就不要用紙頁的背面，避免剪掉重要資訊。

日本暢銷作家石井貴士在《筆記勝經》（八方出版）介紹一種筆記技巧：筆記本只要使用右頁就好。因為這麼做的話，之後可以把筆記內容剪下來，貼到其他用來做整合的筆記本上（見左頁圖）。

如果筆記本的左、右兩頁都使用的話，當我們把需要的部分剪下來時，背面內容就讀不到了。這點我深有同感，我小時候會剪下並蒐集報紙上的文章，當時我覺得最困擾的是，有時想剪下來的文章背面，也有想看的內容。

不過，今天和過去不同，現在我們不用真的把想讀的文章，從其他地方上剪下來了。若只是為了蒐集資訊，只要照相就能解決問題。所以，若寫筆記時或是對書的內容有在意之處，就用手機拍下來。之後把拍下來的內容重新彙整到筆記本就好。

話說回來，雖然我覺得整理筆記本時，沒必要強迫自己把筆記本保持整潔乾淨，但我很在意筆記本被裁剪過的地方；雖然筆記本花不了多少錢，不過筆記本內頁若有留白，我會覺得很浪費（如果是活頁型筆記本，我就不會這麼在意）。

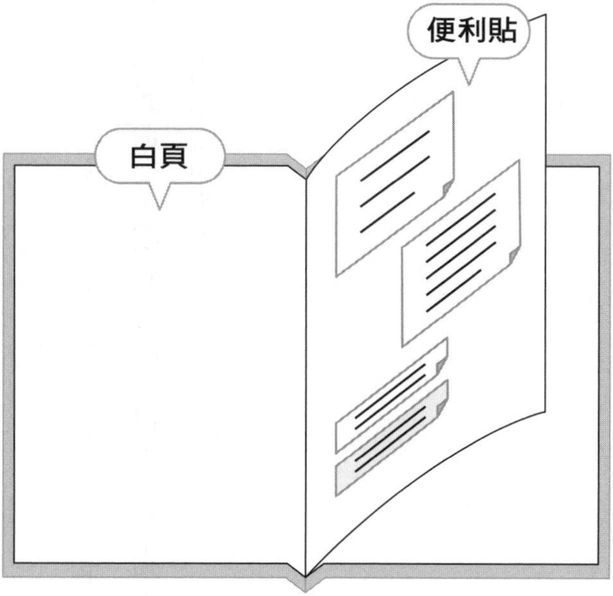

其實不管右頁或左頁，只要刻意留白，
之後若想補充內容，就可以整理到這裡。

即使之後在空白處只寫沒有營養的東西在上面，我也很享受把筆記本內頁填滿的感覺。

總結來說，每個人會在意的部分都不一樣。如果不介意筆記本只用右頁，那麼就可以嘗試這套做法，讓右頁背面留白，就算不把內容剪下來，之後也可以在空白頁補充筆記相關內容。

5 讀後感、觀後感，都要留下關鍵字

看完書或電影後，
簡單記錄特別有印象的橋段，或重要部分的感想。

相信很多人都有這類經驗：想分享自己讀過的書或看過的電影時，卻想不起內容講了什麼。

如果當下自己能對書籍或電影的內容侃侃而談，肯定能贏來別人崇拜的目光，為什麼當時卻做不到呢？

樺澤紫苑在《過目不忘的記憶法》（人類文化事業出版）和《不用記憶的記憶術》（平安文化出版）主張，我們應該在看完書或電影後，立刻輸出（Output）——只要把感想寫到筆記本上，就不容易忘記。

想增強自己的記憶力，輸出必不可少。不論是寫筆記或備忘、與人對話或在社群網站發文，都能使自己不易忘記某事。

我認為，忘掉細節其實並不要緊，只要能想起重要的內容出現在哪本書裡就夠了，如此一來，就可以把需要用到的書找出來讀。

更加上現代科技便利，哪怕我們對某個事物只剩模糊的印象，只要在網路上打關鍵字，就可以用很少的線索找出來源。例如，在Google檢索「大石頭 小石

只要留下文字，
就算之後忘了，也能找回記憶！

頭重要的事情」，就會找到國際知名教育訓練機構「富蘭克林柯維公司」創辦人史蒂芬．柯維（Stephen R. Covey），及富蘭克林柯維教育集團總裁西恩．柯維（Sean Covey）所寫的《與成功有約》（*The 7 Habits of Highly Effective People*，遠見天下文化出版）。

由於我沒辦法完全記住筆記術相關書籍的所有內容，所以我在撰寫本書時，也是根據印象來輸入關鍵字，找出某個筆記技巧出自哪本書，然後一邊重新翻讀，一邊執筆寫作。

專欄

多功能記事本，給我自信卻不實用

我還在公司上班時，曾醉心於使用A5大小的多功能記事本。儘管這本筆記本裡有各式各樣的活頁紙，但依然無法滿足我的需求，我甚至會訂製自己專用的活頁紙來用。

我也曾在網站上成立多功能記事本同好社團，擔任團體負責人。那時的我會隨身攜帶著自己心愛的多功能記事本，除了辦公室和自家外，只要進入咖啡店，我都會打開記事本來寫點東西。當時，我的多功能記事本裡記著自己的日程表、夢想和目標、點子、會議紀錄以及主管指派的工作等內容。

這本多功能記事本的封面套有高級黑色皮革，看起來雖然有些厚重，但相當帥氣，我覺得只要拿著它，就能讓自己看起來像一個工作能力很強的上班族。

雖然當時的我喜歡用多功能記事本，但我也注意到這種類型記事本用起來其實不方便，而且存在不少問題。

首先，使用者必須把相同的內容轉寫到日、週和月等不同的頁面上。如果書寫時有些著急，很容易漏寫一些內容。其次，因為多功能記事本又厚又重，帶著走也麻煩，有時只是想稍微外出或找個地方獨處，記事本卻塞不進包包裡。

不方便攜帶，會**大幅降低筆記本的價值**。此外，整理多功能記事本很花時間，例如保管被換下來但已經不用的活頁紙，及補充新紙張等。

因為經歷上述這些狀況，所以我現在覺得，使用普通的記事本或智慧型手機，確實比多功能記事本還要輕鬆。

第四章

讓大腦有餘力做其他事：整理筆記

1　一張紙只寫一個主題

一張紙只寫一個主題，
就算紙頁上有留白處也不用太在意。

很多人用筆記來整理思緒。另外，有不少人認為，在整理想法時，數量勝於品質。現在就讓我們好好善用筆記本，在上面大量寫下想法，然後整理吧。

日本外商企業主管岡村拓朗在《讓自己快速進化的PDCA筆記術》（時報出版）介紹的方法，是以主題搭配PDCA（按：依序為計畫〔Plan〕、執行〔Do〕、檢核〔Check〕、改善行動〔Action〕），在筆記本上畫出五個區塊來做筆記。首先，在筆記本上方三至五公釐處畫一條橫線，然後把橫線下方的長方形空間，縱分為四個部分，由左到右依PDCA順序排列（見左頁圖）。

由於作者認為「筆記本大小，就是個人思考的廣度」，因此他建議讀者使用A4以上的筆記本比較好。

就我來說，我覺得自己比較適合用電腦來整理思緒。我會在檔案名稱後加上日期，然後把檔案放到不同資料夾裡。我沒有嚴格的規定自己要怎麼分類檔案，而是以方便為主，讓我能一搜尋，就馬上找到所需的檔案。

《成功者的筆記本都記些什麼？》、《零秒思考力》，及日本著名顧問高橋

標題			日期
Plan	Do	Check	Action

▲ PDCA 筆記筆記術可用 A4 以上的本子，因為其大小，等於思考廣度。

政史的《為什麼聰明人都用方格筆記本？》（方智出版）都表示：「我們要嚴格遵守，一個主題或項目只能使用一頁筆記」。

而岡田斗司夫在另一本著作《改變人生的由右向左筆記術》（高寶出版）建議大家，筆記要從右頁開始寫起：筆記本右頁用來記錄文字、理論和口頭發表的內容，而左頁則用來記錄聯想、發想和創意。

我們可以把思考或感受到的事情，寫在右頁上。左頁除了可以續寫右頁內容，或者是用來整理筆記，也可以記錄有趣的事情，還能在需要向其他人做說明時，當作白板來使用。

而《成功者的筆記本都記些什麼？》，則提及筆記中記錄學習的內容，應該寫在記有工作內容的筆記之後，因為這麼做可以避免把工作和學習筆記混在一起，避免自己在搜尋筆記內容時，碰上困難。

2　攤開本子，劃分區塊

模型有助於我們整理想法，
我們只要根據情況，應用不同的模型。

我認為做筆記以條列方法，其實已足以應付構思點子這件事了。但藉由使用SWOT等模型（Framework，如左頁圖），更能幫助自己輕鬆整理腦中的想法。若我們需要向其他人做說明時，模型也是一種強而有力的工具。

曾於GAFA當主管的寺澤伸洋在《找出自己強項的四象限筆記術》（按：臺灣未代理，此為暫譯）建議，利用定位圖（Positioning map，指以圖像來表述，消費者對產品和品牌的認知和偏好）做筆記。方法是攤開A4筆記本，然後畫上縱線或橫線，把筆記本分成四個區間，來幫自己做思考。

該書還建議，在進入電腦作業之前，讀者可以先使用筆記來整理想法。《為什麼聰明人都用方格筆記本？》和日本創新專家柏野尊德的《讓腦袋大躍進的史丹佛超級筆記術》（商周出版），都介紹活用模型的方法。

我還是上班族時，在公司裡做跟企業融資及財務有關的工作，且擁有「中小企業診斷士」（按：在日本經營、業務諮詢顧問領域中，唯一的國家資格，以因應中小企業的經營課題，進行經營診斷、建議等為主要的業務內容）證照。所以

企業內部	**優勢** （Strength）	**劣勢** （Weakness）
企業外部	**機會** （Opportunity）	**威脅** （Threat）

▲ SWOT 分析：分析企業自身的優劣，以此想出經營策略。

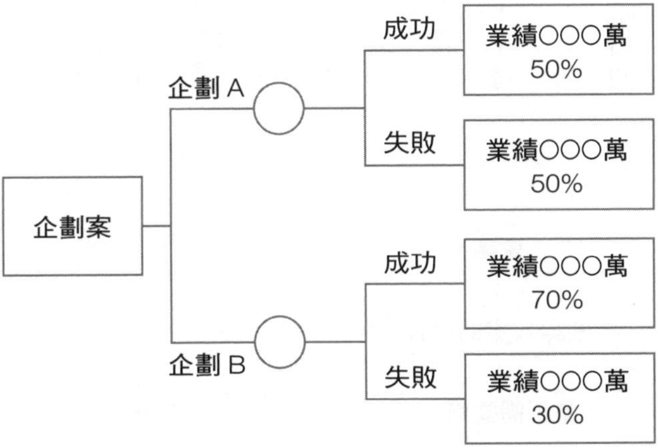

▲ 決策樹：在決策分析中，能幫助人們確定最有可能達到的目標的策略。

我對模型有一定的認識，也熟知該如何使用這些工具。

儘管如此，我卻很少在整理想法的過程中用模型。只有少數幾次思考事情時遇到瓶頸，或確認是否遺漏不同的觀點時，才會用流程圖（Flow chart，見下圖）、矩陣分析（Matrix analysis，見左頁下圖）或邏輯樹（Logic tree，見左頁上圖）。此外，我幾乎只有在口頭發表或講座等，這類需要對其他人說明時，才會用到模型。

使用模型最大的優點，除了整理得有條不紊的內容較有說服力外，還能讓別人

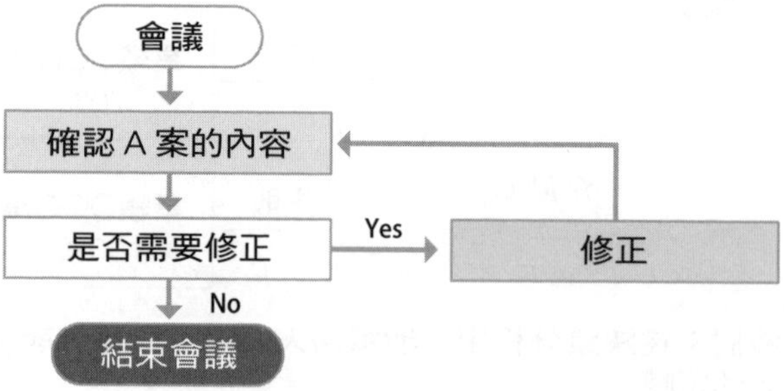

▲ 流程圖：看見流程，能改善瓶頸。

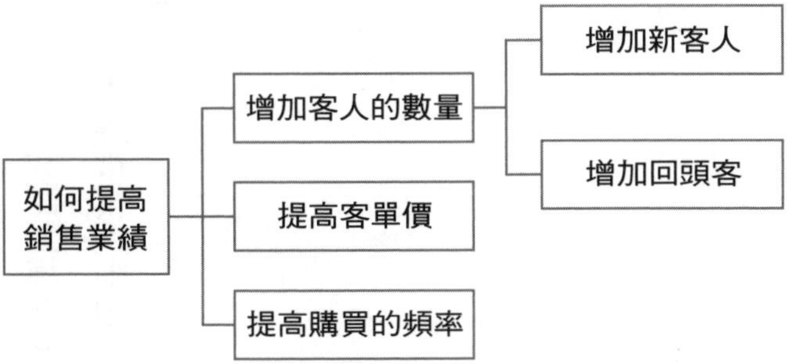

▲ 邏輯樹：分析課題，找出原因。

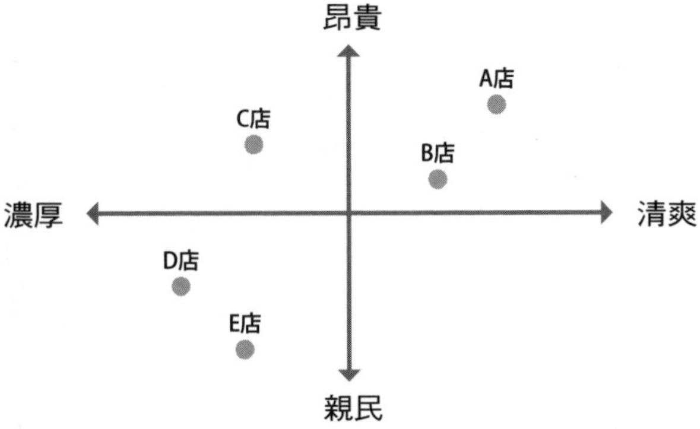

▲ 矩陣分析：從數個評估標準來做判斷。

覺得你看起來很有能力。

不過，我認為模型終究只是一種工具。我們可以帶著好奇心學習該如何使用它，但不應被模型限制思考。

3　心智圖，最強思考武器

讓思考更輕鬆，內容整理起來也省事！

心智圖非常適合右腦型（主掌感性與創意）的人。對於只靠書寫很難想出點子的人來說，一定要試著使用心智圖。

有些人會利用心智圖來整理課堂或講座上聽到的內容，這是因為心智圖的形狀和人類記憶事物的構造很像，能幫助我們做整理和回憶，而且畫心智圖這件事本身也很有趣。

曾擔任知名跨國公司的顧問東尼．博贊（Tony Bazun），及英國國際研究協會前主席巴利．博贊（Barry Bazun）合著的《心智圖聖經》（*The Mind Map Book*，耶魯出版）提到：人腦的訊息處理系統為放射性思考，如果我們能善用大腦的特點，透過放射性思考來蒐集資料，並持續精進上述的技巧，就能讓學習變得更有意思。

該書提到，「心智圖能讓人看見放射性思考伸展的內容」。

所謂的心智圖，就是從一個中心，延伸出宛如樹枝狀的思考。

國際認證心智圖進階講師內山雅人的《天才筆記術》（晨星出版），和田村仁人（靠自學考上東大，用自創筆記術在多益取得九百七十五分）的《史上最強！東大慶應雙榜首的滿分讀書計畫》（三采出版）都談及心智圖。

因為我很容易只注意自己感興趣的事情上，所以我在執行一人合宿時，會使用心智圖來掌握自己在思考事情時的整體面貌，審視自己是否遺漏某些觀點。舉例來說，我不能只把思考的重點放在生意上，還得去想想自己和家人及其他人之間的關係，或是健康等。

儘管我會使用心智圖，但我並不會用不同顏色的筆來繪製心智圖（按：心智圖用不同顏色來區分主題）。原因之一是，我沒打算給其他人看自己製作的心智圖。另一個原因是，由於我屬於左腦型（掌管理性與邏輯），所以不會因為看見色彩繽紛的圖像而雀躍。

我認為，**當你思考陷入死胡同時，或對本身喜歡畫畫的人來說，一定都能藉由製作心智圖有所收穫**。

我最近製作影片時，經常使用線上繪製心智圖的軟體「MindMeister」。雖然我在使用前曾認為，自己動手繪製心智圖比較方便，但實際用過後才發現，這套軟體不僅有趣，還能很快的完成心智圖。這套線上軟體根據功能多寡，提供不同付費方案，但它的「基本計畫」方案可以免費使用。這套軟體的操作方法相當簡單，大家都能使用。

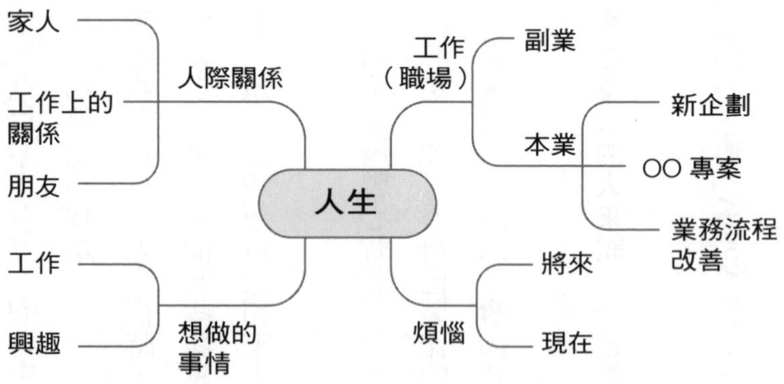

▲ 心智圖可掌握自己思考時，事情的整體面貌。

4　演講的稿子要用手寫

準備口頭發表時，不要一開始就在電腦上作業，
而是先把整體的結構寫在筆記本上，
並和主管確認內容。

大家在準備會議或講座等，需要口頭發表的活動時，是否會立刻打開電腦，用PPT、Google簡報，或是Keynote（按：演示幻燈片應用軟體，由蘋果電腦公司推出）等軟體來作業呢？

我過去不論做什麼事，都會先打開電腦。然而，在我們掌握整件事的全貌前，就使用電腦製作資料，其實很浪費時間而且不聰明。

舉例來說，本來決定用PPT做簡報的雛形，結果很快被頁面設計、文字大小及顏色等細節分散注意力，等到回過神來，才發現自己花了好多時間處理細枝末節。

解決這個問題的有效方法是，先把要製作的資料寫到筆記本上。等到把要發表的大致內容都記下來後，接著在紙上思考，要依什麼順序來報告。直到大略寫好每一張簡報要用的設計和文字後，接著才用電腦作業。雖然乍看之下，這麼做似乎是在繞遠路，但其實這樣做，反而能大幅提升個人的工作效率。

另外，當我們製作要給主管做最終確認的資料時，可以先把完成的手寫稿拿給主管過目，藉此降低成品被退回來修改的機率。要留意的是，哪怕是熟悉這套作業流程的人，還是可能在用電腦製作資料的過程中花費過多時間。

《最高學以致用法》寫道：「使用PPT前，先建構自己的想法。」該書作者建議大家，**在製作口頭報告的資料前，應先用筆記本來整理想法**。

在日本被譽為思考整理家的鈴木進介，在《一本筆記為工作提高十倍效率》（按：臺灣未代理，此為暫譯）表示：「（手寫）筆記適合用於思考。」但他也認為並非遇到什麼事都靠手寫來處理，若是商談紀錄等會被保存和共享的資訊，用智慧型手機或電腦來處理比較合適。

而《為什麼聰明人都用方格筆記本？》的作者高橋，在書中分享自己的故事。當他還在公司上班時，曾任職於麥肯錫的主管交給他一本筆記本，並對他說：「別一開始工作就盯著電腦看。」如該書書名所示，高橋推薦大家使用方格筆記本。此外，他還強調，製作口頭發表時會用到的PPT或Excel等圖表資料，也很適合用方格筆記本做事前準備。

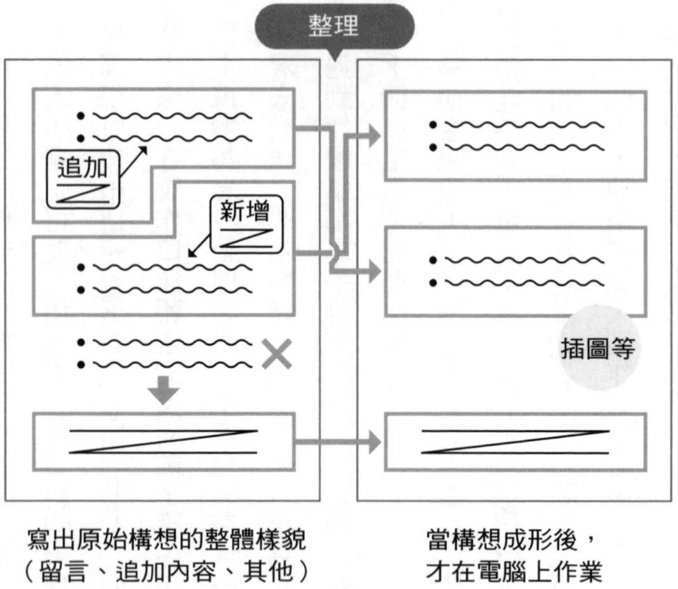
整理
追加
新增
插圖等
寫出原始構想的整體樣貌
（留言、追加內容、其他）
當構想成形後，
才在電腦上作業

▲ 製作資料時，別從一開始就使用電腦。透過手寫，先大致的擬出內容，完成之前，先讓主管確認。

擔任一風堂全球戰略總監的小西利行，在《了不起的未來筆記術》（方智出版）向讀者介紹能想出好點子的筆記術：整合筆記、創意筆記和溝通筆記，這些方法也很適合用來整理資訊。順帶一提，溝通筆記是在和人碰面談話時使用。

曾是TOYOTA官網管理人的淺田卓，在《在TOYOTA學到的只要「紙一張」的整理技術》（天下雜誌出版）中，把我們在整理腦中思緒的過程稱為「EXCEL」，並建議大家在紙上手繪表格。藉由在紙上畫出格子，接著決定主題後書寫。透過這些動作帶來的改變，能讓自己充滿幹勁。

雖然淺田希望大家能手寫。不過，他在TOYOTA上班時，卻較常用電腦來完成這件事。直到他獨立創業成為顧問，才以手寫執行「紙一張」的整理技術。

5 思考或學習，字跡顏色有區分

學習筆記，可以用不同顏色的筆；
思考筆記，顏色應該越少越好。

有許多書都介紹如何使用不同顏色的筆做筆記。可以看出，不少人有這方面的需求。

然而，因為這類書籍的作者皆各有所好，我們不能只挑一種做為結論。所以，我簡單整理了這類書的重點：

- 《讓腦袋大躍進的史丹佛超級筆記術》：做筆記基本上要重視速度，因此只要用黑筆就行了。若非要使用不同顏色的筆來做區分，顏色最多不超過三種。作者還表示，想提高創造力，可以使用藍色筆。另外，應該用不同顏色的筆來區分事實和意見。
- 《史上最強！東大慶應雙榜首的滿分讀書計畫》：可以使用不同顏色的筆來做筆記，以區隔出做筆記的時間。另外，應該用不同顏色的筆來寫PDCA的內容。
- 《成功者的筆記本都記些什麼？》：建議使用四色原子筆，並為每種顏色賦予不同的意義。

- 《筆記的魔力》：用三種顏色的筆來做筆記，此外還要配合記憶的不同階段，搭配四種顏色的螢光筆一起使用。
- 《為什麼聰明人都用方格筆記本？》：用三種顏色的筆來做筆記。
- 《筆記勝經》：依重要程度，用四種不同顏色的紙來做筆記，但實際書寫時只用藍筆。此外，還要搭配四種不同顏色的螢光筆一起使用。這本書有意思的地方在於，作者做筆記時使用活頁紙，然後透過四種顏色的透明資料夾和活頁紙夾來整理筆記。
- 《一定拿出成果的驚異思考法》：作者推薦讀者用十二種顏色的筆來做筆記，並不斷回頭檢視自己寫過的內容。

我發現，在商場上重視效率的人，通常認為寫筆記只要用一種顏色的筆就好。至於面對升學或資格考試的考生等，**重視記憶**並希望能藉由不同顏色的組合來**激發想法**的人來說，較傾向**使用多種顏色的筆**。

當然，不管目的為何，我們都不該花太多時間在選擇用什麼顏色的筆。舉例來說，若是用來幫助自己思考的筆記，用一種顏色的筆就夠了。就我而言，基本上我寫筆記時只用黑筆。

使用不同顏色的筆來做筆記，其實很花時間。就算是三色原子筆，使用時也得不斷更換顏色或筆芯，如此一來，容易打斷專注力。

若想集中精神思考，應盡可能的簡化其他動作。

順帶一提，有一種觀點認為，藍筆比黑筆讓人更容易記住重要內容，所以做筆記時，選擇藍筆比較好。但我認為，這不過就是個人的喜好罷了。

6　所有內容都集中在一本

把所有訊息集中在一本筆記本裡，並隨身攜帶。
這是所有事情的起點。

日本作家奧野宣之在《活用一輩子的筆記術》（大田出版）建議大家，把所有與自己有關的資訊都集中在一本筆記本。裡面可以放進自己感興趣的文章、讀書感想或採訪後所做的備忘錄等內容。但記得依照時間發生的先後順序記錄。

《一本筆記為工作提高十倍效率》也認同，只用一本筆記本統一管理筆記內容的做法。該書還建議讀者要為筆記的每一頁設定標題，並用疑問

沒有做資訊筆記

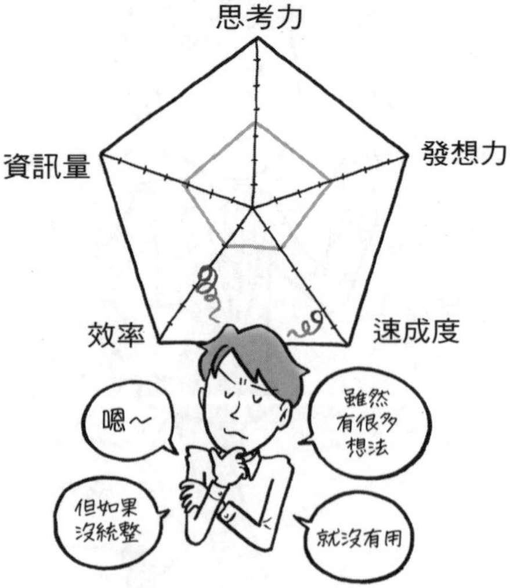
思考力
發想力
速成度
效率
資訊量
嗯～
雖然有很多想法
但如果沒統整
就沒有用

句當標題，促使我們深入思考筆記內容。我覺得這個想法滿有意思。

日本曾流行寫「生活軌跡」（Lifelog）——記錄起床時間、去過的商店、移動距離、吃過的食物、見過的人，以及與人談話的內容等事物，也就是記錄生活中會接觸到的所有資訊。

不過到了今天，因為人們只要使用如Apple Watch之類的電子器材，就能自動記錄海

有做資訊筆記

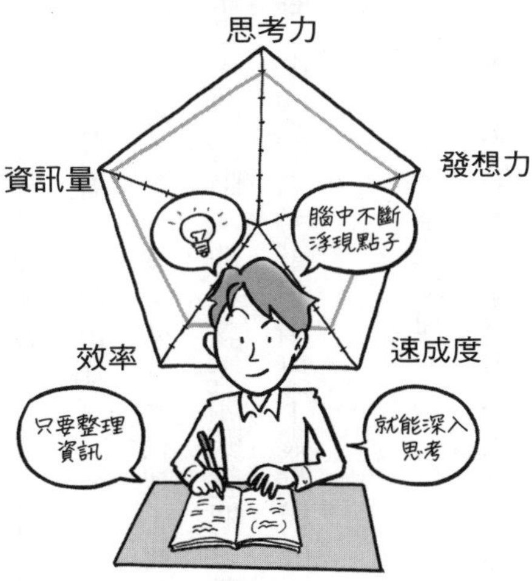

量資料，例如睡眠時間和品質以及移動距離等，所以用筆記本記錄生活軌跡的必要性，已經大幅下降。

儘管數位資料容易檢索和使用，非常適合用來記錄生活軌跡，但手寫生活軌跡還是擁有其獨特的魅力，對習慣手寫的人來說，是難以割捨的事。

日本暢銷作家午堂登紀雄的《最強的思考筆記術》（按：臺灣未代理，此為暫譯），向讀者介紹該如何做思考筆記。午堂思路清晰，他在該書開頭就把思考筆記的本質整理出來了。以下引用該書內容。所謂的思考筆記由以下幾點構成：

1. 把所有資訊（包含工作及私事），都整合在一本筆記裡。
2. 把目標、待辦清單、與人碰面談話時所做的備忘、讀書重點和點子等所有想法，都寫進這本本子裡。
3. 寫筆記時，透過線和箭頭連結關鍵字，使它們之間產生關聯性。
4. 寫完筆記後，要不斷回頭審視及增加內容，讓筆記能進一步的發展。

我覺得這本書說明思考筆記的部分，是最核心的內容。而作者還表示思考筆記是：

1. 大腦的外接硬碟。
2. 腦內吸塵器。
3. 強化思考能力的工具。
4. 大腦安裝程式。
5. 可以量產點子及使想法更加完善的工具。
6. 達成自我實現的自動追蹤裝置。

上述內容足以讓我們一窺午堂如何透過做筆記來深入思考。我尤其對書中「思考深度與商場上能取得的成果，存在直接關係」這個部分深有同感。

專欄

自我分析筆記，最好的事前準備

我回憶有關整理想法的筆記時，想起以前參加就職活動時做的「自我分析」。參加日本就職活動，除了要準備業界分析和公司分析，最重要的莫過於自我分析這個項目了。

做自我分析時，要用文字闡述「自己是怎樣的人」這種有點抽象的內容，而我認為要清楚說明這個問題時，最有用的方法就是預想對方會問什麼。

其實面試時會被問到的問題都差不多。例如，「你為什麼想進這家公司？」或「學生時期參加過哪些活動？」等。若擔心自己會被問到刁鑽的問題，也能買本參考書來做事前準備。

有人可能會說：「照本宣科的回答面試問題，似乎不太好……。」如果直接用參考書上或別人提供的答案，當然會出現問題，不過，若是改成用自己的話來回答，就沒有問題。剩下的就是在面試之前，好好的做準備，並反覆練習。

面試時，人難免會緊張，這很正常。但如果緊張到了說不出話，甚至失言，就表示你事前準備不夠充分。我認為，其實參與就職活動對即將出社會的人來說，是一種正式進行商業活動前的練習。因為等到進公司後，上班族工作時要做的事情和事前準備等，也大致如此。

不論是誰在進入職場後，都得不斷面對公司內部不同的重要面試（如關係到升遷的研修活動或與主管討論個人的業績評價等）、重要商談、口頭發表或會議，甚至跳槽到新公司的面試，準備方法基本上大同小異。

具體來說，參與這類面試時，受試者得讓對方知道你擁有與年齡相符的工作實績、透過工作得到哪些成長，以及個人如何克服困難完成任務的經驗。

筆記術大全

《了不起的未來筆記術》

作者分享 14 個筆記法，共分成 3 種類型。藉由這項工具來幫助讀者整理資訊，進而提升工作效率與職場競爭力。

整理筆記

- 3 種「○」：一眼看到重點。
- 箭頭「→」：串聯資訊，以理出秩序。
- 記號：可迅速而簡單的傳達資訊，還能整理想法。
- 對話框：在對話框裡的寫 3 項重點。
- 數位筆記搜尋：用關鍵字做分類，快速搜尋內容。

創造筆記

- 關卡筆記：創造工作目標與契機，讓自己更容易行動。
- 漫畫筆記：將資訊變成「臺詞」，更容易吸收。
- 黑三角筆記：只要寫出不滿，就能發現隱性需求。
- 白三角筆記：寫越多，越容易挑到好點子。
- 串聯筆記：把破碎的想法串在一起，變成故事。
- 唱反調筆記：未來其實在「反方向」，正因現在沒人做，所以才要做。

溝通筆記

- 「標題」筆記：簡單寫出感動人心的標題。
- 圖表筆記：用大小區分重要性；圖解文字內容；靠線條粗細，展現資訊之間的關係。
- 演講筆記：用數字，就更暢銷；只要有一行標題，就更容易說明。

第五章

別照抄，挑重要的寫：學習筆記

1　不用寫得美美的

做筆記，重點不是把字寫得整齊工整，
而是懂得架構內容及如何幫助自己記憶。

或許有些人在學生時代，曾因沒辦法把筆記整理得漂亮而煩惱，甚至有人即使踏入社會，仍對自己無法寫出漂亮的筆記，存在揮之不去的陰影。

我出生於北海道，喜歡學習新事物，靠自學取得了中小企業診斷士、證券分析師以及軟體開發技術者等各種證照，甚至獲得綽號「證照狂」。此外，我的多益成績是八百八十分。在我創業和賺錢的這條路上，雖然並不是每張取得的證照都能發揮作用，卻增強我決定離開公司獨立時的信心。

基本上，我在準備大學入學考試跟證照資格考試時，所採取的方法都差不多。**第一件事是掌握考試架構**：調查清楚考試日期、科目、出題範圍、要拿到幾分才合格、考試分成幾個篩選階段，以及題型是申論題還是選擇題等。

接著，我為了了解考題難易度和自己目前實力之間的差距，**我會找考古題進行模擬考，依照正式的考試時間來做答，並計算分數**。

做完這兩件事情後，我就能知道在接下來的日子裡，自己需要讓哪一個科目進步多少分。然後參照合格條件來設定考試策略，看要進一步提高拿手科目的分數，還是補強不擅長科目。

到了下一步，我才開始用筆記本來制定學習計畫，**從合格分數逆推，安排準備考試的日程，以掌握到哪一天為止，自己應該要做什麼事**。這就是我在準備證照考試的過程中，筆記本的最大作用。

在做考古題，尤其是解答計算問題時，我雖然會用到筆記本，但不會刻意**把印在教科書或參考書上的內容，重新整理抄到筆記上**。因為這麼做**不但效率很差，也浪費時間**。

例如，我在準備多益考試時，就沒有「重複把英語單字抄寫在筆記本上」。因為我認為，聽音檔的同時盯著單字本看，然後唸出聲來，能更有效率幫助自己記憶。

日本自由作家太田文在《考上第一志願的筆記本》（聯經出版）中，分析蒐集到的兩百本東京大學（簡稱東大）學生的筆記本後，發現七個黃金法則：

1.「第」一個字對齊。
2.「一」定要寫才動手寫，否則影印就好。
3.「志」在清晰，不怕大量留白。
4.「願」望快速實現要靠索引。
5.「筆」記本的段落分明。
6.「記」筆記之前先有規畫。
7.「本」本字跡清楚工整。

我認為這七點，涵蓋了學習筆記最核心的內容了。

儘管如此，我仍對該書內容的因果關係保持懷疑。因為不是每個學生都像以考進東大為目標的學習高手那樣，有能力來完成集合七個黃金法則的筆記。而且就算能寫出這種筆記，也不保證就一定考得上東大。

我認為，做筆記如果只是為了幫助自己記憶，那麼沒必要將筆記寫得漂漂亮亮，若要這樣做，還不如直接買參考書來讀。準備大學入學考試或證照考試時，首先要做的是寫考古題，這麼做能讓自己掌握住該考試的整體內容和難度。

我們沒有必要製作一本精美的筆記。雖然不能否認，有的人在考試前翻閱自己整理的漂亮筆記，讓心情沉靜下來。但若以記住考試會出的內容為目的，那麼看參考書的效果可能更好。

另外，因為要把字寫得工整好看，會花掉很多時間，字寫得潦草卻能提升筆記速度的話，反而對學習比較有益。

《讓腦袋大躍進的史丹佛超級筆記術》作者柏野的見解和《考上第一志願的筆記本》不同，他認為，「**史丹佛式的筆記，字跡潦草又不美觀**」，這是因為當**人們把重點聚焦在「輸出」**時，自然會出現這樣的結果，我相當認同這個觀點。

《史上最強！東大慶應雙榜首的滿分讀書計畫》的作者田村，指出一般人做筆記時經常犯的五個問題：

1. 想把上課時老師所說的內容，全抄到筆記本上。
2. 堅持筆記一定要做得美美的。
3. 回家後，把筆記重新抄一遍，把內容整理工整。
4. 把參考書的內容完整的複製到筆記本上。
5. 筆記上只記錄抽象的概念。

實際上，有不少人如上述內容所說的那樣，會花很多時間來製作一本精美的筆記，就好像這才是寫筆記的目的一樣。

日本讀心術大師DaiGo在《超戰略筆記術》（按：臺灣未代理，此為暫譯）開頭寫到：「從科學的觀點來看，『髒兮兮的筆記』才是好筆記。」而在該書中介紹的「主動學習」（Active Learning）裡，「筆記要做得漂亮」的順位被排在很後面。

我們該從筆記中學習的，是其恰到好處的資訊配置，及能夠幫助自己記憶的設計，這才是筆記精髓。《考上第一志願的筆記本文》中收錄好幾位東大學生的筆記經驗談，對學習者來說有一讀的價值。

2　康乃爾筆記法，菁英最愛

不論是做上課內容或講座的筆記，
都很適合使用康乃爾筆記法。

我從小認為，完整的把老師的板書照抄下來，單純是一種體力活，根本沒有意義。上課時，如果集中精神一字不漏的把板書抄到筆記本上，而沒認真聽老師講解，可說是本末倒置。

我在領悟這個道理後，就不太在課堂上做筆記了。會讓我動筆寫在筆記上的內容，只限於自己覺得「這裡應該是重點」的部分而已。上課時我主要以專心聽老師講的內容為主，然後會隨筆記下自己想到的事情。

過去的我認為，一個人如果有做筆記的時間，不如用來讀教科書或參考書，對學習反而更有助益。直到今天，我的想法仍沒有改變。

所以，每當我看到參加講座的人抄寫 PPT 的內容時，心裡都會嘀咕：「這麼做沒有意義。」畢竟，若需要這張 PPT 的內容，只要用手機照下來就好了（不過話說回來，大多數人就算拍下內容，日後也不會重看……）。

做筆記的方法因人而異，有人把筆記本內頁分成兩個、三個甚至五個區塊。例如，康乃爾大學（Cornell University）心理系研發出來的康乃爾筆記法，把筆記頁面區分三個區塊：筆記欄、整理欄、摘要欄。不少美國知名大學和研究機構，以及麥肯錫（McKinsey）或埃森哲（Accenture）等諮詢公司，都使用這套方法（按：康乃爾筆記的寫法見二〇一頁）。

菁英人士使用的筆記法有一個共通點，就是會把筆記分成三個區塊來使用。像《為什麼聰明人都用方格筆記本？》提到把方格筆記分成三個區塊，從左到右，依照「事實、解釋、行動」順序來做筆記。

雖然根據書籍不同，把頁面分成三個區塊的筆記法，有「天空、雨、傘」、「標題、重點、行動」、「筆記欄、整理欄、摘要欄」等稱呼方式，但內容基本上幾乎一樣，不外是「事實、思考、產出」——除了把事實（Input）抄在筆記本上，在產出（Output）前，還要加入思考，這是相當合理的配置。

《成功者的筆記本都記些什麼？》的作者美崎，把康乃爾筆記法應用到會議上。他建議大家開會時，可以把會議筆記分成三區塊「會議紀錄、關鍵字和點子、會議重點」。

《史上最強！東大慶應雙榜首的滿分讀書計畫》認為康乃爾筆記法最適合用於輸入（Input）。

只是把從別人那裡得到的資訊原封不動的抄錄下來，毫無意義。重要的是，自己能從這些資訊裡發現什麼，也就是說，我們應該好好思考這些資訊。

而康乃爾筆記法確實是能符合上述需求的筆記法。

我參加講座等和學習有關的活動時，雖然不會刻意把筆記本的內頁分成幾個區塊，但還是會以自己的思考為中心，記錄注意事項和摘要的內容。

《行動派的筆記術》建議人們採用PDCA來做筆記。但該書的特殊之處在於，作者做PDCA筆記法的區塊第一個項目並不是P，而是D。

而《筆記勝經》作者會在紙頁兩側的三．五公分處各畫一條直線，以此分出三個區塊，右邊區塊寫行動方案（Action Plan），左邊區塊則寫內容分類。

日本作家讀書猿在《自學大全》（按：臺灣未代理，此為暫譯）裡介紹了「鈴木式六分割筆記法」，這種筆記法對於學習（閱讀和翻譯）外語很有幫助。

雖然我目前還沒用過，不過我已經決定等到哪天想重新學習英語時，就來嘗試。

有些人或許覺得：「只是在筆記本上畫幾條線而已，能產生什麼效果？」其實，人類的大腦中存在著某種制約條件，其對人的影響力，遠遠超過我們一般的認知。例如，光是**筆記存在摘要欄位，就能讓做筆記的人保持思考：「簡單來說，這部分內容在說什麼？」**藉由這樣的過程，能讓自己從中得到不少收穫。

3　選空白還是有方格的？

記錄個人的思考內容，適合用空白筆記本；
在職場上或準備考試，可以用方格筆記本。

《為什麼聰明人都用方格筆記本？》認為，考生和商務人士最應該使用方格筆記本：首先寫上標題，然後將頁面分成三個區塊來。關於如何分成三個區塊，可參考康乃爾筆記法。作者認為只要遵守他提出的做筆記三原則（使用方格筆記本、寫上標題、分成三個區塊），就能得到以下效果：

1. 增強記憶力。
2. 加強邏輯思考能力。
3. 提高解決問題的能力。
4. 順利完成口頭發表。
5. 提升做事情的幹勁。
6. 增進學習能力。

使用方格筆記最明顯的好處，是使用者能繪製出漂亮的圖表，而且還能幫助做筆記的人想出點子。另外，由於使用方格筆記本能把筆記整理得很工整，所以就算拿給其他人看，也不會感到不好意思。不過，就我而言，在深入思考的過程中，曲線通常會比直線來的更有效果。使用空白筆記本，能讓自己不囿於形（不會被方格影響，而顧慮是否有畫歪等），比較容易激發出自由的發想。

用來學習的筆記，因要寫得乾淨工整，所以適合使用方格筆記本。但若是為了透過大量書寫來促進理解和加深記憶，我認為空白筆記本會是更好的選擇。

不過說實在，要使用哪一種類型的筆記本，是個人喜好問題。覺得方格筆記本用起來很順手的人，就使用方格筆記本；覺得空白筆記本用起來較自由、不受拘束的人，就選空白筆記本。

我不喜歡使用方格筆記本，是因為這種筆記本會讓我想起小學的生字練習簿，使用起來，心情難以放鬆。我從來不覺得藉由重複抄寫，就能幫助自己記住中文字，而且在我之後求學階段，也沒有出現這種學習方式。基於以上種種因素，我使用筆記本時，會選擇用空白筆記本。

4　規畫學習進度

先設定一個大概目標，接著逐步掌握學習的全貌。
透過筆記來完成學習路徑圖。

《自學大全》出版時，我還是學生且熱衷考證照，所以當時沒接觸這本書。該書頁數多達七百五十頁，書中有不少部分以對話呈現，相信這是為了方便大家閱讀所做的安排。不過我認為其內容不算簡單，需要花點力氣才能讀懂，所以《自學大全》能成為日本暢銷書，著實跌破我的眼鏡。

書中內容涉獵廣泛，涵蓋蒐集資訊的方法、讀書技巧、記憶術、時間管理、維持學習熱情以及養成習慣等，一個人在自學時需具備的所有技能。對我來說，這本書除了提供筆記術的知識，書中提到的「私淑」概念（按：未親自受業而敬仰某人學術，並以之為榜樣來學習），更是令我獲益良多。

另外，我曾使用過《自學大全》介紹的「學習紀錄」（Learning Log），從考試日期來逆推並管理自己每天的學習分量。在我踏出社會開始工作時，也用同樣的方法來管理專案進度。

《自學大全》中有關筆記術的部分，最能啟發我的莫過於這兩段內容：「為學習找到動機，並製作學習路徑圖」、「把學習過程中得到的後設知識，記在筆

中小企業診斷士						
1. 經濟學			3	4		
2. 財務會計		2	3	4	5	6
3. 會計經營	1	2	3	4	5	
4. 經營管理	1	2	3	4		
……						

▲ 我在中小企業診斷士證照考試時，會透過學習紀錄來管理進度。

記本上」。

學習路徑圖的做法是，首先把自己目前大致的現況和目標寫下來，然後隨著學習的推進，再逐步將現況和目標寫得更詳細。

這裡姑且不論考取證照這種目標明確的事情，在「學習英語」這個大主題之下，要安排學習進度，許多人起初可能會很迷茫。

因此，第一步要學習的應該是如何掌握整體進度。例如，順序可以先從發音開始，接著是閱讀、書寫、聽力，最後才是口說。然後依照學習階段和明確課題，來挑選適合自己的教材。另外，我們設定的目標，會對學習產生深遠影響。因為唯有確定目標，才能決定學習方法，以及學習內容的難易度。

舉例來說，如果某人學習英語的目的，是希望能說一口流利的英語，這種曖昧不明的目標，不僅不容易維持學習動力，而且也很難實現。應該要像這樣設定目標：「我希望能毫無障礙的傳達想法，給三個月後要來日本的外國友人。」必須有明確的達成期限、達成方式以及學習難易度。

學習能讓我們獲得知識，此外，更重要的是，讓自己成長。若我們能和課本及參考書保持距離，以俯瞰的視角，將教科書及參考書的內容，視為能幫助我們「用大腦思考」的材料，這樣的學習才具有真正的價值。

當你對高強度學習感到疲累時，不妨為設置一段能在筆記本上自由思考的時間。從結果來看，這麼做反而能提升學習的效果。因為唯有當我們感到愉快時，腦部才能發揮出最大的功效。

專欄

上課不要做筆記

直到大學畢業為止，我都沒在課堂上好好的做筆記。然而，我現在卻寫了《筆記術大全》，人生還真是充滿驚奇。

關於我為什麼上課不做筆記的原因，還得從我小學時看的一本漫畫說起。故事中出現的角色說：「**上課不要做筆記，只須集中精神、專心聽課，就可以大幅提升理解和記憶力**。」這段內容對當時的我來說太有吸引力了，我甚至覺得自己找到正確的學習方法。

還是小學生的我，並不覺得藉由抄寫板書，就能讓自己更了解和記住上課內容。我認為，自己要理解的應是課本裡的內容，而非老師對課本所做的解釋。

當然，念書時不做任何筆記，考試很難拿到滿分。但當時的我實在無法理解，做這種筆記到底有什麼意義。

升上大學後，我雖然還是不在上課時做筆記，但會在考試前向優秀的同學借筆記來影印。為了能跟學生商借筆記來用，我花了不少功夫，例如示弱、裝可憐，或是請客吃飯等。

不在乎拿不到滿分，只要用最少的力氣取得七十、八十分就好。選擇這樣的生存方式，或許也是筆記帶給我的影響。

筆記術大全

康乃爾筆記法

這套方法能幫助學生在課堂、演講或閱讀時，能有效記錄資訊，幫助學習。

抄筆記前，先把筆記內頁分成三個區塊：筆記欄、整理欄、摘要欄。每個區塊的大小沒有硬性規定，只有筆記欄需要大一點的空間。

整理欄	筆記欄
重讀、整理筆記欄時，以關鍵字或短語形式，把重點或疑問列入整理欄中。	寫課堂或講座上聽到的內容，如數據和案例等。不用擔心寫得很潦草或結構不清晰，但要盡量詳盡，就算寫的內容包含不同主題也沒關係，只要留一些空白做區隔即可。
摘要欄 理解並消化資訊，把把自己對筆記的理解、心得或想法等，用自己的話寫摘要欄裡。	

第六章

離目標只差一步的夢想達成筆記

1　寫願景，價值觀更明確

手寫筆記藏有改變人生的力量，
所以要把「自己為什麼而活」寫在筆記本上。

或許有些讀者看到「改變人生」四字，會覺得有點沉重，**但這確實是我在閱讀各種筆記術書籍後，受到最大的影響**。接下來我會進一步說明。

「Mission、Vision」在日語中並沒有統一的翻譯，不同的書裡可能將其譯為使命、志向、價值或〇〇主張等，相當多元。不同的人使用這兩個單字時，想表達的意思也不一樣，一般來說，Mission 是 Vision 的上位詞，但也因使用者不同，有時順位也會被更換。

本書統一將 Mission 譯為使命，Vision 譯為願景。**一個人若想改變自己的人生，就要設定好自己的使命和願景**。

《人生因筆記而改變》提到：「**所謂的使命，是你為了什麼而活（目的）**。」

不過也有其他觀點認為，從事商業活動的企業家，「並不需要擁有使命和願景」，更不用提上班族或家庭主婦，就算沒有使命和願景也活得好好的。

但我認為，使命的重要性無庸置疑。和想在短時間發財的人相比，對於希望生意做得長久，且吸引更多志同道合的夥伴到自己身邊的人而言，擁有**使命**——

讓價值觀相同的人聚在一起，使三觀不合的人遠離自己——就變得相當重要了。

就算是沒打算創業或經營副業的人，若擁有使命和願景，之後在面對人生重要抉擇時，較容易做出判斷。尤其當你做出的決定會影響到其他人時，則更是如此。

若希望自己事業更有進展，有時比起個人的工作能力，起到關鍵作用的或許是價值觀。就算不是為了出人頭地，價值觀也決定了你會是什麼樣的人，及朋友如何看待你。

可能有讀者會問：「我該如何設定自己的使命及願景？」

如果使命和願景能在某天突然於腦中出

現，是再好不過了，但這種事情發生的機率微乎其微。

我在反覆書寫、努力搜尋最適合用來表達的文字後，最終在自行創業後幾年，才把「打造任何人都能自由活動、充滿創造力的世界」定為自己的使命。

在我**決定自己的使命後，接下來要做的，就是不斷的對自己、部屬、家人、朋友、顧客以及商業夥伴講述這個想法**。因為使命不是一天就能達成的事，所以要時時提醒自己。後來，我才發現，原來在不知不覺中，「使命和願景」已悄悄的發揮影響力了。

我希望大家都能寫下自己的使命，哪怕只是假設的內容也沒關係。從動筆的那一刻起，你的人生就開始改變了。

2　唸出來

把想做的事寫在筆記本上，
記得要不斷回過頭審視。

在紙上寫下一百個夢想，是一件很有意思的事情，我推薦大家可以把自己的夢想和目標寫到筆記本上，而且數量越多越好。寫的時候不用思考達成的可能性，把夢想當成願望來寫就行了。

最近日本滿流行寫下自己的夢想，甚至在我近期舉辦的講座中，還有參與者表示，「我已經做過了」或「有點膩了」。

我剛出社會不久，因讀了《記事本圓夢計畫》才第一次接觸到「一百個夢想清單」。順帶一提，本書用「想做的事清單」來代指「一百個夢想清單」。

作者熊谷從年輕時就非常善於使用手帳，而且他會把很多東西夾在裡面，所以他的手帳總是非常的厚。熊谷在手帳裡寫下目標：「讓自己的公司上市」，最後也真的達成了。

我受到熊谷的影響，所以也把「離開公司創業」、「成為一名顧問」、「出書」等夢想寫在筆記本裡。當時的我只是公司裡的小職員而已，所以寫下這些夢想時，覺得很不好意思。

不過，我過去寫下的夢想和目標，到了今天幾乎都實現了。我不但離開公司自行創業，成功成為一名顧問，甚至出了書。「你能想像到的事情就能實現」，這句話真是所言不虛。

當然，我的清單裡也存在沒實現的事情，例如「成為公司裡部長等級的高管」、「讓自己的公司上市」以及「蓋一棟屬於自己公司的大樓」等。不過，現在我回頭看，這些沒實現的項目都是沒什麼大不了的事。因為我本來就對在公司升遷不感興趣，也沒有擴大自己公司規模的想法。

就算人們把不是真心想完成的夢想，寫在筆記本上，也絕對不會採取行動去實現它。若想實現自己的夢想和目標，首先要做的是，藉由文字具體呈現夢想和目標，如此一來，就能不斷的翻開本子來檢視與調整內容，讓它們深深的烙印在自己的意識裡。

《最強的思考筆記術》中，也有提到要把想實現的一百件事情寫下來。另外，該書作者還建議大家要隨身攜帶筆記本，以便在任何時候都能檢視筆記的內容，此外，一頁裡只寫一個主題。我認為，該書中強調的這些重點，可說是筆記術中的「普遍真理」。

日本知名網路行銷專家高田晃在《靠手帳圓夢技術》（按：臺灣未代理，此為暫譯）提到，「首先，我們要把夢想變得能看見」，還介紹符合個人需求的「My手帳」製作方法。而其基礎，建立在多功能記事本上。

我曾著迷使用多功能記事本，也曾製作過符合自己需求的筆記內頁。但到頭來，自己現在使用的卻是設計最樸實的筆記本。

日本知名組織管理專家樋口圭哉的《用手帳達成目標》（按：臺灣未代理，此為暫譯）和前面介紹的幾本書一樣，提到要寫下一百件想做的事情。他建議大家把一百件想做的事全寫在跨頁筆記上，然後每天早上唸出來。

書寫能活化大腦，若是再加上讀出聲音，更可以增強效果，讓想完成的事情深深的印在意識裡，如此一來，更容易促使自己採取行動。

這個方法跟頂尖成功教練哈爾·埃爾羅德（Hal Elrod）的《上班前的關鍵一

小時》（*The Miracle Morning*，平安文化出版）所介紹的習慣之一「肯定」（Affirmation）——每天早上唸出正向積極文字——相當類似。

不過，我也認為，只選擇自己喜歡的部分來執行就可以了。例如，我認同這種方法很有用，但對我來說，實際唸出來感覺很不好意思，所以我只有頻繁檢視寫在筆記上的目標而已。

把自己的夢想
寫到筆記上！

3　你的目標得有數字

不論什麼事，透過數字才能管理。

《為夢想標上實現日期》說到：「人可以實現夢想。首先，為夢想設定截止日期，並從改變今天的行動開始做起！」我認為這段話太正確了。

雖然也有人認為，一旦實現夢想，事情也就結束了，所以把夢想定為虛無飄渺、難以實現的事情，才是好的做法。

不過，我並不認同這種想法。我覺得能實現夢想比什麼都好。即使是很難實現的事情，但只要能為此持續努力、奮鬥不懈，這樣的人生同樣有價值。

總之，夢想應變成目標，然後加以實現。說得更清楚一點，**夢想和目標的差別，在於是否有具體的完成期限**。

抱持將來某天一定要完成的想法，是夢想；設定一個完成期限，且在截止前一定要完成的，則是目標。夢想和目標乍看之下好像差異不大，但實際上兩者截然不同。也就是說，把夢想變成目標，就是將「總有一天要實現」的想法，轉換為「何時之前要實現」。

我們在設定目標時，可以活用「SMART目標」（SMART Goal，指具體

〔Specific〕、可測量〔Measurable〕、可達成〔Achievable〕、相關〔Relevant〕、有時限〔Time-based〕）。

在設定目標時，應**注意設定的目標要具體且可測量，只要努力就有達成的可能性，以及完成的期限**。舉例來說，要這樣設定：「三年後，我希望年收入能達到一千萬日圓」，而不是「我想成為有錢人」（見下頁圖）。

《為夢想標上實現日期》還提到，人生是由六根支柱撐起來的，分別是工作、家庭、教養、財產、興趣以及健康。**我們可以把六根支柱整合在一個夢想之中，然後為實現這個夢想，採取所有可能的行動**。

此外，《記事本圓夢計畫》和《靠手帳圓夢技術》都提到，**一定要用數字來管理目標**。

軟體企業SAP日本分部（SAP Japan）業務企劃本部部長金田博之，在《善用黃金二十九歲，決定未來三十年活得更好》（春光出版）提到，我們可以利用「人生戰略筆記」，來幫自己弄清楚三件事：

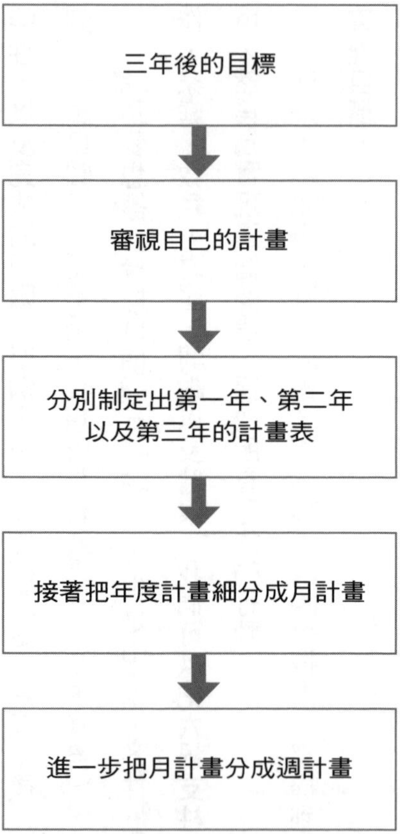
三年後的目標
審視自己的計畫
分別制定出第一年、第二年
以及第三年的計畫表
接著把年度計畫細分成月計畫
進一步把月計畫分成週計畫

▲ 以「離開公司，自行創業」為例，首先目標「要具體且可測量」，可設定 3 年後存 3,000 萬日圓，接著細分行動。

1. 現在應做的事。
2. 將來該努力的目標。
3. 自己重視的事。

雖說讀者可以選擇不同的筆記術來推動PDCA，不過該書認為成長日記是PDCA的核心，而且簡單、容易實踐，可以立即嘗試。成長日記執行的方法是，各用一行字寫下小小的成功、目標、想做的事情，就這樣而已。

我雖然沒有使用《善用黃金二十九歲，決定未來三十年活得更好》說的成長日記，但我藉由其他筆記術來制定自己的人生計畫。

我很認同這本書說的，**若希望人生過得越來越順遂，就該把精力放在眼前的工作上**，與此同時，還要為自己設定長期目標，保有對個人來說重要的價值觀。

4 用四象限分類，找出不用做的

應把精力放在重要但不緊急的事情上。

《與成功有約》和《人生因筆記而改變》都提到一則故事：

有一位教授問學生：「這裡有一個容器，還有一些幾乎剛好可以裝進這個容器裡的大石頭、小石頭和沙子。我們要怎麼做，才能把它們全裝進容器裡？」

如果不假思索的先把沙子裝入容器裡，接著放進小石頭，那麼容器裡就裝不進大石頭了。然而只要稍做改變，依序放入大石頭、小石頭、沙子，就能將這三樣東西全部裝進容器裡，而且還不會留下任何空隙。

學生問：「這是指就算我們很忙碌，還是可以完成很多事情嗎？」

教授解釋：「不是，這件事能讓我們了解，應該優先做對自己人生而言重要的事情。」

《人生因筆記而改變》建議讀者工作時，應先用重要、緊急來劃分四個象限。光是這麼做，人們會理所當然的先處理緊急且重要的事情。接著處理緊急但不重要的事情。

但有意思的是，不知道為什麼，人們第三順位解決的，往往是不重要也不緊急的事情。

然而對大家來說，**真正要注意的是不緊急但重要的事情（第二象限）**。包括保持健康、學習、維繫家人和朋友之間的關係，以及投資自己的將來等。

若我們能**在不重要的事情上節省時間，把精力集中在第二象限的事上，就能提高人生的品質**。

我曾把寫上工作的便利貼，貼到這種分成四個象限的紙上，藉此來管理工作，然而卻沒有收到很好的效果。

這是因為當時的我只用重要程度來區分，卻沒有意識到貼在四個象限上的

		緊急度	
		高	低
重要度	高	**第 1 象限**	應該把注意力放在這裡 **第 2 象限**
	低	**第 3 象限**	**第 4 象限**

▲ 依緊急和重要程度分成 4 個象限。

工作，是遲早都得處理的事情。反而導致我時常因要處理的事情過多，而感到時間永遠不夠用。

後來，我了解了該方法真正的精神，在於決定哪些事情不要做。所以，先區分每件事情的重要度，等到分完後，我們就可以找出那些重要度很低的事情，然後從工作清單中剔除。

弄清楚自己的價值觀，其實就是為人生中的事情排順序。這句話說起來雖然容易，做起來卻不簡單，值得我們花時間琢磨。

5　目標要不斷修正

光是寫下來卻沒有行動，什麼都不會改變。
藉由隨身攜帶筆記本，不時修正目標。

很多人會在每年一月時，立下「今年的目標」。例如：提升工作表現、多讀幾本書、成為令大家刮目相看的人、要認真的面對每件事……雖然有目標很好，但到年底時，有多少人還記得年初時對自己的期許呢？甚至有的人過完年就忘了，不曾回頭檢視當時設立的目標，就像什麼都沒發生過一樣。

日本管理學家大前研一曾說：「想改變一個人，只有三種方法。一，改變時間分配的方式；二，改變居住的地點；三，改變和自己相交的人。只有這三件事，能讓一個人變得不一樣。而**最沒有意義的事，莫過於『做一個新的決定』**。只是改變過去做的決定，沒有付諸具體行動，無法改變任何事情。」

我十分同意大前的想法。人類的意志非常薄弱，所以只有做新決定，很沒有意義。我並非想否定「下定決心」一事，但光靠這樣，確實什麼都改變不了。

當自己確立目標後，就要寫在筆記上，然後隨身攜帶筆記本，藉由**不斷的修正自己設定的目標**，不論有意或無意，我們的目光漸漸會放在目標上，進而**展開具體行動**。

若你覺得把目標寫在紙本上，會忘了寫在哪頁或容易弄丟的話，你可以選擇記在 App 裡。

但這麼做會遇到一個問題：只要不打開 App，就不會檢視目標。

所以，如果用 App 來記錄，可以藉由設定手機的提醒功能，讓自己每個月或每週檢視一次目標內容。我的做法是使用 Notion 製作待辦清單，在裡面輸入每個月要達成的目標，並每天做確認。

只要隨身攜帶寫有目標的手帳或筆記本，就能增加翻看筆記內容的機會。《記事本圓夢計畫》的作者熊谷正壽更斬釘截鐵的

隨身帶著筆記本。

只要一有時間，就回去翻看筆記的內容。

表示，他為了完成自己的夢想，走到哪裡都會帶著筆記本。

我在使用手帳和手機等不同的工具後，最終選擇了以手寫筆記和使用有待辦清單功能的 App，來管理自己的目標。

目前對我來說，把夢想和目標寫在筆記本裡，用手機安排日程，然後用筆記本和便利貼來管理工作進度，是最理想的做法。

然而，對於某些較不懂變通的人來說，把目標寫在筆記本上，容易囿於「筆記本第一頁一定要寫個人目標」這樣的想法，所以他們往往認為：換新的筆記本使用時，要把舊筆記本上有關目標的內容，重新寫到新筆記本上。

我曾認為，把需不斷檢視的目標寫在筆記第一頁，是不錯的做法。因此我過去多次把目標、使命和願景寫在第一頁。然而這麼做，讓我漸漸產生這種想法：「要換新的筆記本來用，好麻煩哦！」

結果，**因為覺得要重寫一遍目標的相關內容很麻煩，繼而導致自己不斷推遲使用新筆記本的時間**。

後來的我轉變想法，新筆記本不再抄寫一遍舊筆記本的內容，而是想寫什麼就寫什麼。若有需要，就回頭翻看舊筆記本，或者到時候，再把要看的內容寫到新筆記本上就行了

不讓思考停下來，比什麼事都來的重要。

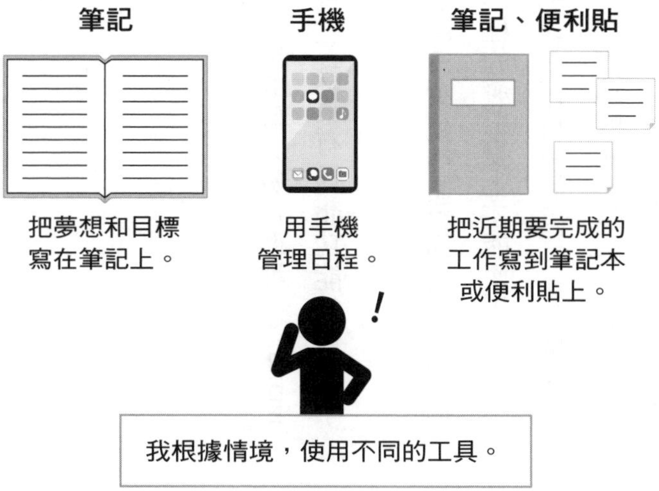
筆記
手機
筆記、便利貼
把夢想和目標寫在筆記上。
用手機管理日程。
把近期要完成的工作寫到筆記本或便利貼上。
!
我根據情境，使用不同的工具。

專欄

PDA和電子手帳的使用經驗

CLIE 是索尼（Sony）在二〇〇〇年推出的個人數位助理（Personal Digital Assistant，縮寫為 PDA）。這是一款具有通訊功能的電子手帳，可說是智慧型手機的先驅。

儘管如此，使用者其實無法單獨靠 CLIE 來執行通訊功能，若想進行通訊，還得把 CLIE 接到一個像背包一樣的發射臺上才能使用。

這款電子手帳能做的，大概僅限於管理工作日程而已，比起現在的智慧型手機，CLIE 很不方便。雖然 CLIE 的功能如此陽春，但過去我在使用 CLIE 時，還是能從這臺機器上，嗅到一種近未來的氣息，這讓我感到相當興奮。

我很喜歡接觸新事物，像電腦、電子手帳或ＰＤＡ等新產品問世時，我都想實際使用看看。但這不是說我花錢不眨眼，或想比其他人更早接觸到新的東西。而是我在能力所及的範圍內，盡可能的讓自己有機會使用這些產品。

新科技在發展的過程中，會出現像是智慧眼鏡（Smartglasses）這種「過於前衛」，而暫時消失在大眾面前的產品（ＰＤＡ其實也是如此）。但我認為這類科技物的問世並沒有白費，因為未來正朝著它們所引出的方向繼續前進。

儘管科技產品的發展日新月異，但與此同時，也讓我再一次感受到手寫筆記的美好之處，並覺得筆記術的確是有價值的。

第七章

我讀完五十本筆記書的心得

1　清空想法，提高效率

利用筆記和便利貼來管理工作進度，
拿著筆記盡快和主管或同事確認！

工作上會使用到筆記的情況，大致可以分為這三種：工作（To Do，要做的事）管理、溝通和整理腦中想法。

想了解如何整理想法以及想出點子的人，可以讀《改變自己的筆記術》。這本書的重點，是**透過大量書寫來清空腦內思緒，然後再為想出來的各個點子建立連結**。我們不要一開始就想著一次寫出有條理的文章或構思出絕妙的點子，而是要**「以量取勝」**。接下來，我會針對工作管理和溝通，向大家講述我的結論。

首先是工作管理。我認為只憑藉大腦來管理所有事情，相當不可靠。

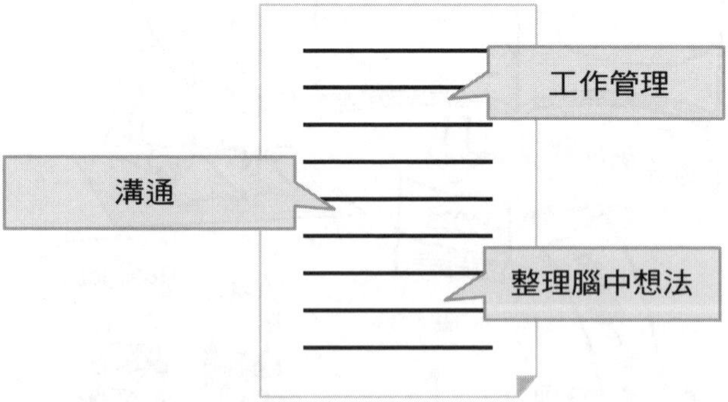

▲ 工作中，會用到筆記的情況，大致可分 3 種。

有些人表示：「我把工作都記在腦子裡了。」、「就算沒寫要處理的事也沒關係。」我相信這類人肯定相當聰明，可是，這麼好的頭腦只用在安排日程和代辦事項，實在是太浪費了。

我認為，即便擁有超強記憶，可以把所有的事情記下來，但在需要的時候調出記憶，還是該**藉由紙筆來安排工作**，為自己打造「不用記住所有事情」的狀態。因為這麼一來，就能讓自己從「我要記住所有工作內容」中解放出來，**進一步提升大腦的表現**。

我對自己的記憶力毫無自信，有時甚至連當天預計要做的事都想不起來。為此，我打造一個「完全不用依賴記憶」的筆記架構：

【每月一次（一週一次更好）】

1. 把腦中所有關於工作的事全寫到筆記本上。
2. 為每一個工作設定截止日期。

3. 把專案列入行程中。

【每天】

4. 在便利貼上寫下當天要處理的事情。
5. 標記出重要事項。

首先說明第一點。當你把腦中所有關於工作的事全寫下來後，會感到很輕鬆，因為你已經清楚知道，哪些事情需要做，又有哪些事不用做。

接著是第二點。儘管我在前文介紹的好幾本書，都建議大家如何依緊急和重要的程度，來剔除掉順位較低的工作。但在這裡，我沒有為工作排順序。

以前我會為不同的工作做記號，以此設定處理順位，但後來我發現，不需要標上記號來表示工作的緊急或重要程度，因為當我為工作**設好截止日期後，等於決定出工作順序了，接著剔除沒有必要做的工作**。

當然，以上的內容是基於可以自己為工作做決定的情況。如果是為了讓主管

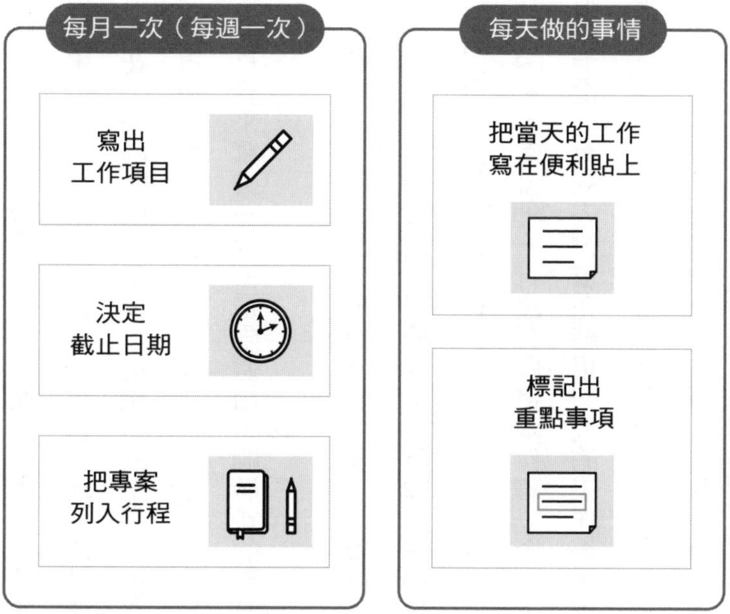

▲ 因為我對自己的記憶力沒自信，所以打造不用依賴記憶的筆記架構，這幫助我確實完成工作。

了解自己的工作進度或安排，或許使用能表示順位的記號，會比較方便。

至於第三點，我工作存在像「寫書」或「開發新商品」等，需要投入大量時間且無法在一天內完成的工作。這類型的工作我稱為「專案」。

面對這類工作時，我會在安排日程的筆記（我用的是智慧型手機）中，以「這一個月要來寫書」或「這兩週用來開發新的產品」這種寫法，把專案排進行程裡。

每個專案中，還會進一步細分成許多工作項目，例如「寫書的目錄」或「寫第一章第一節」等，我會一邊檢視每日行程，然後按照預定執行工作。

每天早上我踏進辦公室後，第一件是拿出便利貼，執行筆記架構中的第四點及第五點（見左頁圖）。有沒有做這兩件事，會大大的影響我當天的工作進度。

附帶一提，有些人習慣在結束一天的工作後，接著把隔天要處理的事情寫到便利貼上。關於這一點，我認為這和個人做事的喜好有關，就我而言，我覺得當天早上來做這件事，比較能穩定心情面對接下來的工作。

我在寫便利貼時，對於每一個工作的時間安排，都設定在三十分鐘以內完成。然後安排的工作數量，盡量控制在五至六個左右。因為想在一天內處理超過十件事，反而會讓自己產生這類想法：「事情好多啊，怎麼做也做不完。」反而降低幹勁和工作效率。另外，我會從這五或六個工作中，挑出一個重點項目。

暢銷書作家傑克・納普（Jake Knapp）和約翰・澤拉斯基（John Zeratsky）合著的《生時間》（*Make*

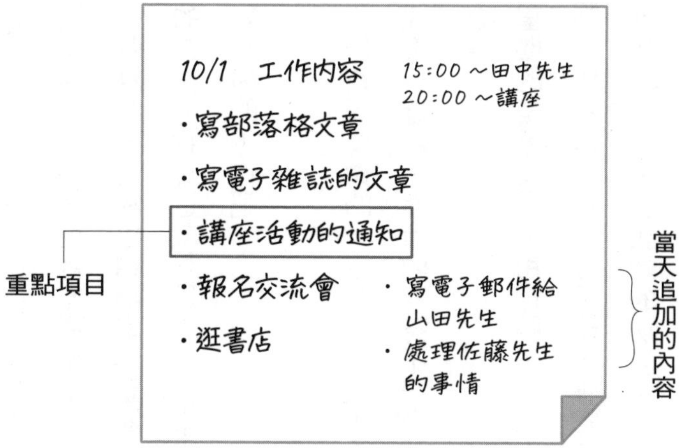

▲ 我會用大張一點的便利貼，寫下當天要做的事，及標註重點項目是什麼。

Time，天下文化出版）介紹：每天挑出一個，自己無論如何都想在當天完成的事。只要完成該項目，你就會覺得今天真是棒透了，心情也會雀躍起來。

我覺得很不可思議的是，這麼做之後，**就算我只是集中精神處理重點事項，卻不知不覺一併完成了自己原本累積下來的工作**。我想這或許是因為結束重點事項後，能讓自己以輕鬆愉快的心情，去面對其他的工作吧。

最後，我想談一下有關工作上的溝通。

每次當主管或客戶要求製作資料時，我們首先要做的一定是在筆記本上整理出一個大綱，之後拿著這份草稿，向主管或客戶確認，看看內容符不符合他們的預期。如果符合，接下來才用電腦開始作業。

我在前文中曾指出，**製作資料**時，**最重要的是不要馬上用電腦**。

雖然像WordPress這類部落格架設軟體，相當適合用來打草稿，確實值得大家使用。但這依然無法取代**紙在構思點子以及與人分享資訊時的功能**。

尤其在製作像PPT這類視覺性的資料時，紙能發揮強大的功能。就算是擬大綱，哪怕主管或客戶只在紙上看到幾個關鍵字，都能讓他們心裡踏實不少。

有些人或許會擔心：「雖說是為了給主管或客戶做確認，但如果他們看到很潦草的筆記而生氣，怎麼辦？」事實上，這麼做能使對方了解我們的作業方向，反而可以讓他們放心。就算真有主管會因你的筆記不夠美觀而不悅，也不需要太在意。

另外，如果可以在接到指派工作的當下一邊做筆記，同時一邊和對方確認：「你說的是這個意思嗎？」、「按照這個方向去做可以嗎？」是最理想的狀態。相信如此一來，你面對工作時的態度，也會受到正面肯定。

如果你在製作資料時**總覺得自己好忙碌，時間都不夠用，很有可能是因為和主管或客戶做的確認不足，導致工作時常遭到退回重做。**

資料只要有一處弄錯方向，事後就得花很多時間來做修正。

前面提到的事情不僅限於主管和部屬之間的關係。不論是對部屬指派工作、和客戶一起共事，或是以團隊的方式來推動項目等，筆記都能起到重要的作用。

筆記沒有必要寫的乾淨工整，潦草一點也沒關係，速度才是重點。

雖然我目前的工作大多用 PPT 來製作講座時會用到的資料，這類獨自就能完成的事情，但**我每次開始處理時，我還是會先手寫，在本子上寫下工作整體流程，以及想用圖表呈現的效果。**比起一開始就在電腦上進行作業，這麼做不僅能節省大量時間，還能做出清楚易讀的資料。

比前面提到的方法更進階的，是使用白板來和其他人分享訊息。**目前市面上已出現可放進包包的「攜帶式白板筆記本」**（Nu Board），讀者可以試著使用看看。相信藉由這種工具，能進一步提升你的工作速度。

2 花時間整理筆記，不如買參考書

若只是為了記住學習重點，讀參考書就夠了，不用花時間做筆記。

我在前文說過，沒有必要把學習筆記寫得乾淨又漂亮。雖然在我大學時期，能做出漂亮筆記的同學成績都很優秀。然而，他們也為此付出大量時間，因此我認為，這麼做絕對稱不上是有效率的學習方法。我始終認為，考試不用非得拿到滿分不可。與其花時間做漂亮筆記，讓成績取得「優」，不如向別人借筆記來看，取得「良」，學習還比較有效率。

出社會後，我必須處理大量工作，這讓我更加確定自己的想法是正確的。雖然不同職種，面對的工作內容和性質不相同，但**絕大多數的工作追求的，並非滿分表現，而是盡可能快速的取得合格**。

在我離開公司獨立創業後，更常碰到這樣的情況了。現代社會瞬息萬變，我們要做的是盡快成立假說，接著驗證。只要哪裡出了毛病，就立刻針對問題進行修正。比起在意做出來的東西好不好看，能實際派上用場更重要。接下來是根據市場上獲得的反饋，來進一步調整。打磨出一個精雕細琢的成品，是直到工作的最後一步才要追求的事情。

我認為，手寫筆記除了可以幫我們理解計算問題和記憶學習內容，以順利面對證照或升學考試，更是一種能在職場上活用的絕佳武器，因為**手寫筆記可以協助我們管理學習狀況**。

順帶一提，雖然有不少人會**在本子上重複抄寫，來記住英文單字或中文字**，但我覺得**這種學習法的效率很差**。我認為英文單字或中文字只要寫一次就夠了，之後用看的或讀出聲音來幫助自己記憶，比較有效率。

每當我想準備某項證照考試時，都會先調查清楚與該證照有關的資訊，接著思考自己取得證照後，能運用在什麼地方、做什麼事情。我會在網路上搜尋通過這個證照考試的人，然後看他們的經驗分享文章或影片，藉此提高自己的鬥志。做這些事情不會花很多時間，但卻可以釐清自己是否真的需要這張證照。

在正式決定要參加考試後，我會找該考試的歷屆考題和模擬試題，讓自己更熟悉考題。藉由進行一場模擬考，來了解自身與合格之間的距離。

下一步是建立學習計畫。例如，在哪個科目上花多少時間，到哪一天為止要完成某個章節等。此外，到了考前兩週，我會提前結束有關證照考試的學習，然後把注意力全放在寫題目上。

做好學習計畫後，我開始讀跟證照考試有關的教科書、參考書和問題集。至於學習時做的筆記，我不會強迫自己要弄得乾淨漂亮。因為把內容整理清楚，是參考書要做的事，我認為與其花時間整理筆記，不如買參考書來讀比較實在。

不過，我還是會做一份只有數頁的「應試前記憶筆記」。其目的其實不在於讓自己在考試時多拿幾分，而是為了讓自己在考試當天冷靜下來。

順帶一提，我通常會在考前一天抵達考場附近，並找旅館住一晚，然後在考試當天好好的吃早餐，接著喝一瓶營養補充飲品，才去赴試。我認為這麼做能讓自己在考場上發揮出最佳的實力。

對我來說，製作應試前記憶筆記、到旅館住一晚、好好的吃早餐和喝營養補充飲品，不只能穩住心情，也是為了「討個好兆頭」的例行公事。

3 目標筆記，促使你開始行動

把目標寫在筆記上，然後隨身帶著，不時翻看。只要這麼做，就能幫助自己達成目標。

我認為，想達成自己所設定的目標，最好的做法就是把目標寫在筆記上，且隨時攜帶筆記本，以便隨時翻看。

坊間有不少書籍都強調，只要把自己的目標寫下來，自己就會產生幸福感。其實，這與人的潛意識有關。只要我們把夢想或目標寫下來，不時回頭翻看的話，大腦會誤將筆記裡的內容當成事實。而當人們感到事實和現實之間存在落差，就會採取行動以填補其差距。所以從結論來看，藉由把夢想和目標寫到筆記上，能促使自己有所行動，進而幫助自己圓夢。

想實現目標，就得實際採取行動。比起看一些心靈雞湯，更重要的是「反覆檢視寫在本子上的目標，然後不斷思考：為了做到這件事，我應該做什麼」。

為了達成目標，我會在筆記本上寫這些內容，並不時檢視與修正：

- 使命和願景。
- 自己重視的價值觀。

- 三年、五年、十年、三十年後，希望成為怎樣的人？
- 年度計畫、一個月的日程安排、工作清單。
- 事業計畫、關鍵績效指標。
- 列出想做的事情。
- 理想的時間使用方法。

我為了寫本書，而重新閱讀書中引用的五十本筆記書籍，這時我才發現，原來我寫在達成目標筆記裡的大部分內容，引用書籍也有提到。當然這不是說誰的意見才是正確的，而是這些內容其實是大家一致得出的結論。

至於有關支撐著我們行動背後的「工作管理」這部分，詳情請讀者們參閱本書第七章第一節。

一些喜歡寫筆記的人，有時容易陷入這種狀況：不論是做日程安排或工作管理，堅持要手寫筆記或手帳來完成。

然而，比較理想的做法應是，針對不同的事情，要用對應的工具來處理。

舉例來說，我認為**使用 Google 日曆來做日程安排最為理想**。因為不論是從團隊共享資訊、或連動其他 App 等，從這幾個方面來看，沒有任何一種工具能超越 Google 日曆。

雖然我建議讀者使用能同時連動代辦清單和日程安排的 App，但我也推薦大家，可以把代辦事項寫在筆記本上，然後把每一天要完成的項目寫在便利貼上提醒自己。

另外，如果你想養成習慣每天做某件事情，那麼就一定要試試「Streaks」這款 App（見左頁圖）。因為 Streaks 很適合搭配 Apple Watch 一起使用，所以深得我心。

許多利用筆記術的人都表示，「只要把目標寫下來，就能實現它。」我深有同感。我寫在筆記上的目標，時至今日，大部分都已經實現了。

只要我們越把時間用於思考該如何實現目標，而且逐漸深入思考，那麼達成

▲ Streaks 的介面。可依照想養成的習慣，選擇適合的圖示，設定頻率（每天或每週一次等）、要做多久及提醒時間等。尚未完成時，App 會有紅點通知，當你完成後，點進 App 長押圖示，則紅點消失。

目標的可能性也就越高。

在做目標管理時，首先我們應該做的，是把目標寫到紙（筆記）上。在反覆幾次手寫的過程中，目標會深深的印到腦海中，接著會漸漸湧現出「我一定要完成這件事」的心情。

當我們把目標寫下來後，接下來要做的是把目標轉變成電子檔，記錄到手機或平板裡。不過，因為和紙本比起來，把目標存在手機或平板裡，比較不容易被看到，所以我們還得使用像具有鬧鐘功能的軟體，來每天提醒自己。

如果你的夢想因為過於遠大，以至於難以啟齒的話，更要把它寫到筆記裡。因為當你把它寫下來之後，夢想的內容就會變得越來越具體，原本不好意思的心情也會逐漸消失，進而促使你為了實踐夢想而採取行動。

4　現在開始找出適合自己的

適合每個人的筆記術都不一樣，透過不斷的試錯，
一定都能找到最適合自己的筆記方法。

當我們抱著愉快的心情嘗試新的筆記術時，往往都會有那麼一瞬間，覺得自己好像變聰明了。然而真正能培養成習慣，讓自己長期使用下去的筆記術，其實並不多見。

世上雖沒有「不論是誰，只要使用就一定能成功」的筆記術。但卻存在最適合自己的筆記術。

就我自己來說，我會**配合不同的場合，使用不同的筆記術**。

舉例來說，有關思考的筆記術，我得出的結論就是《改變自己的筆記術》中強調的，「大量書寫條列式」。

我也花了很長時間才領悟，原來用不同顏色的筆來做筆記的方式，其實比較適合用在學習筆記上。所以若是為了思考而做筆記，根本不需要用到這麼多種顏色的筆。

另外，我設定目標時用的筆記術，跟思考或是學習用的筆記技巧不同。例如，我曾使用康乃爾筆記法（一八五頁）、心智圖（一五一頁）以及曼陀羅計畫表（九十九頁）。但在實踐這些筆記術時，有時我不手寫，而是利用電腦或智慧型手機等完全不同的工具來完成圖表。說到底，其實**筆記只是一種工具，是我們為了達成某個目標所使用的手段，而非目標本身**。

我覺得「守、破、離」的意涵（按：原指日本劍道的學習方法，後延伸到各行業。守，遵守教條，練基本功直到熟練；破，改善規範，開始思考並靈活運用；離，超越所有限制，經內化後展現自己的風格），也很合適形容筆記術和人的關係。第一步我們要先去嘗試執行不同的筆記術，等到習慣之後，再思考筆記術的活用方法，最終則是要打造出專屬自己的筆記術。

筆記術並沒有真正「完成」的一天。不斷的犯錯然後針對錯誤加以修正，是我們在追求理想筆記術的過程中，最有意思之處。雖然本書即將結束，但你的筆記術之旅才正要開始，希望大家都能享受這趟旅程。

結語
別自創，先偷學

感謝各位讀者將本書讀到最後。

其實，對我而言，要寫本書並不容易。因為我以往的著作內容，都是自己腦袋裡的東西。然而本書和之前的作品不同，是集結五十本筆記類書籍的精華。如果我書中寫下錯誤的訊息，對作者和以出版社為首的關係人士來說，肯定會造成很大的困擾。

只要看到與筆記術有關的書籍，我都會買下來閱讀，並盡可能的實踐。我原以為自己已融會貫通書中內容，所以寫作時應該會很順利。結果開始動筆之後，才發現自己真是天真。

寫作過程中，我遇過「忘記了想介紹的筆記術出自哪一本書」、「搞錯筆記術的內容」等問題，甚至還出現自己實踐的方法遭到引用書籍批評。

其實每本筆記術書介紹的技巧，都反映了作者的想法，有人提出A筆記術、有人提出B筆記術，這之中沒有分誰對誰錯。另外，在還未熟悉某種筆記術前，直接把不同的筆記術東拼西湊所得到的另一種方法，其效果反而比不上只實踐一種筆記術。

在寫書的過程中，我重新認識到筆記術的博大精深，與此同時我的筆記術也獲得進一步的提升。

「站在巨人的肩膀上」、「別重造輪子」（Don't reinvent the wheel，指別多此一舉，浪費時間做白工），這兩句諺語都告訴我們，前人花許多時間積累、研發出來的方法，應該直接拿來用看看。

我們應先學習前人的方法，接著才嘗試結合不同的技巧，並加以實踐。在不

斷試錯之後，找出最符合自己的部分。這麼做會比從零開始構思個人專屬的筆記術更可行。

本書濃縮前人的各種筆記術精華，所以我敢保證，一定對讀者有所助益。如果讀者對書中提到的任何一本書感興趣，請務必找原書來讀。因為只看擷取出來的重點，和完整讀一本書所能得到的收穫，存在很大的差異。我相信，閱讀原書，會為讀者帶來美好的閱讀體驗。

國家圖書館出版品預行編目（CIP）資料

筆記術大全：子彈筆記、康乃爾筆記、方格筆記、曼陀羅九宮格……什麼情況用哪種筆記術，學習與工作事半功倍。／安田修著；林巍翰譯 .-- 初版 .-- 臺北市：大是文化有限公司，2023.08
272 面 ; 14.8×21 公分 . -- （Think；258）
譯自：仕事と勉強にすぐに役立つ「ノート術」大全
ISBN 978-626-7328-33-0（平裝）

1. CST：筆記法　2. CST：成功法

019.2　112008542

Think 258

筆記術大全

子彈筆記、康乃爾筆記、方格筆記、曼陀羅九宮格……
什麼情況用哪種筆記術，學習與工作事半功倍。

作　　者／安田修
譯　　者／林巍翰
責任編輯／陳竑悳
校對編輯／連珮祺
美術編輯／林彥君
副總編輯／顏惠君
總 編 輯／吳依瑋
發 行 人／徐仲秋
會計助理／李秀娟
會　　計／許鳳雪
版權主任／劉宗德
版權經理／郝麗珍
行銷企劃／徐千晴
行銷業務／李秀蕙
業務專員／馬絮盈、留婉茹
業務經理／林裕安
總 經 理／陳絜吾

出 版 者／大是文化有限公司
臺北市衡陽路 7 號 8 樓
編輯部電話：（02）23757911
購書相關資訊請洽：（02）23757911 分機 122
24 小時讀者服務傳真：（02）23756999
讀者服務 E-mail：dscsms28@gmail.com
郵政劃撥帳號：19983366 戶名：大是文化有限公司

法律顧問／永然聯合法律事務所
香港發行／豐達出版發行有限公司
Rich Publishing & Distribution Ltd
香港柴灣永泰道 70 號柴灣工業城第 2 期 1805 室
Unit 1805, Ph.2, Chai Wan Ind City, 70 Wing Tai Rd, Chai Wan, Hong Kong
Tel：21726513　Fax：21724355
E-mail：cary@subseasy.com.hk

封面設計／林雯瑛
內頁排版／邱介惠
印　　刷／鴻霖印刷傳媒股份有限公司
出版日期／2023 年 8 月初版
定　　價／新臺幣 399 元
I S B N／978-626-7328-33-0
電子書 ISBN／9786267328385（PDF）
9786267328392（EPUB）

Printed in Taiwan